電通マンぼろぼろ日記

ゴルフ・料亭・×××接待、クライアントは神さまです

福永耕太郎

まえがき――「クリエイティブ」はエラいのか？

クリエーティブ局の局長が、社内の大きな会議で言い放った。

「クリエイティブ*こそ広告そのものなんだ。だから、クリエイティブは偉いんだ。私服で会社に来てもいいいし、遅刻したって全然構わない」

会議に出席していた私は耳を疑った。会議には、われわれ営業局の人間のほかにも、総務や経理の人たちも参加していた。あえてこの場で、そんなことをエラソーに言うのはどういう了見なのだろうか。私は反発心と鼻白《はなじろ》んだ思いを抱えながら、その発言を聞いていた。

電通の事業領域は、大雑把に「マーケティング」「デジタルマーケティング」「クリエイティブ」「プロモーション」「メディア」「コンテンツ」「PR」「グローバルビジネス」の8つに分類される。とりわけテレビなどマスコミで注目され、脚光を浴びるのは、おもにコピーライターやCMプランナーといった「クリエイ

クリエイティブ
英語の「creative」は「創造力のある・独創的な」といった意味だが、広告業界では広告の制作物や素材、またその制作部門やそこに所属する人を指す。デザインや制作を行なうクリエーターや、管理を担うクリエイティブディレクター、プロデューサーなどの仕事が含まれる。ちなみに電通の部署名は「クリエイティブ局」ではなく「クリエーティブ局」である。

ティブ」の人びとで、彼らは広告代理店の花形*である。

書店に行っても、電通マンが書いた本はたくさんある。どれもクリエイティブの人間たちが、コピーライティングテクニックだったり、マーケティング術だったりを語るものがほとんどである。

本書はそうした本とは一線を画す。書名でもおわかりになるとおり、本書には仕事術や発想のテクニックなどはいっさい書かれていない。本書に描かれるのは、私が地べたを這いつくばって得た経験だけである。

私は日本経済がバブルの絶頂にのぼり詰めようとする時代に電通に入社し、営業局に配属された。それ以来、営業畑を歩み、大手電機メーカーを皮切りに、外資系の飲料メーカー、アメリカの映画会社、衛星放送局、通販会社、損保会社などのクライアントを担当した。その後のことは第4章にゆずるが、数年前まで電通に勤めていた。

日本の広告代理店の中でも、電通は群を抜いて巨大であり、大きな影響力を持っている。「世論さえも自由に操っている」*などとまことしやかに噂されるほどである。

広告代理店の花形
クリエイティブの社員はみな私服で、夏はポロシャツに短パンでもOK。暑苦しいからクライアント（広告主）の前でもネクタイなどしない。「アイディアは夜に出る」などと言って昼前に出社してくる。合コンで一番モテるのも彼らである。

世論さえも自由に操っている
「自由に操る」かどうか

長く電通に勤務してきた身として、あまり知られることのないその内幕を読者のみなさんにお伝えしたいと思う。広告業界に関心がある学生にも、就職サイトには絶対に載ることのない、巨大広告代理店の真の姿を知っていただけるはずだ。

本書の執筆にあたって、「代理店の裏側はこうなっている」「電通でこんな出来事があった」「私はこんなふうに仕事をこなした」「こんなおかしな人間がいた」といったことについては雄弁にあれこれと書くことができた。だが、テーマがプライベートの事柄に及ぶと、私の筆はぴたりと止まってしまった。とくに第4章に記したことは、私にとってもっとも書くのに抵抗があったことだ。

だが、書かねばならなかった。電通のオモテもウラも描き出そうとするとき、私だけが安全圏にいていいわけがない。私は覚悟を決めて、自らの人生の恥部もさらすことにした。

本書を読み、驚いて、笑って、呆れ返って、そして理解して、願わくば最後は愛の眼差しで広告業界を見ていただければと思っている。

本書の内容はすべて私が実際に体験した事実*である。

は別にして、電通は自民党のエージェントとしても長く活動している。個人的な体験でいえば、ある雑誌に別の広告代理店の社長を貶（おとし）める記事を書かせるプロセスに立ち会ったこともある。

実際に体験した事実 すべて私の実体験であるが、当時と2024年現在とで変化した部分や、多少の記憶違いなどはご容赦いただきたい。電通社内の組織はつねに改編され、頻繁に名称も変わっているため、部署名については便宜上、一部整理した。また、エピソードに登場する人物名はすべて仮名であり、登場人物の特定を避けるため、一部脚色・改変している箇所もある。

電通マンぼろぼろ日記◉もくじ

装幀◉原田恵都子（ハラダ＋ハラダ）
イラスト◉伊波二郎
本文校正◉円水社
本文組版◉閏月社

第1章

知られざる電通の内幕

某月某日 **土下座**：クライアントは神さまです

「今すぐに、俺が飲んでいる店に来い！」

大手電機メーカー・S社の宣伝部メディア担当の田代部長からの電話だった。

私は、上司である吉井部長とともに、田代部長が飲んでいた銀座ソニービル地下にある店に、急遽呼び出された。

私はすぐにピンときた。翌朝の日経新聞に掲載される予定の広告の割り付け変更が彼の逆鱗《げきりん》に触れたのだ。

田代部長は以前から、自社の広告を日経新聞の第1全広面（めくり順で一番目の全面広告面）に掲載することを絶対としていた。「読者が一番最初に目にする*ところだろうが！」というのが彼の持論だった。

田代部長の意向を受けて、私たちはS社の広告出稿に際しては、日経新聞に強く働きかけ、掲載日と掲載面を決める割り付けの交渉を行なっていた。

一番最初に目にする どの面から読むかは人それぞれで、反対側のラテ欄（日経新聞の場合は文化面）から読む読者も多い。別のクライアント

ところが、その夜、日経の編集局から日経の営業部を経由して、電通の新聞局に事前通達があった。

「S社の全面広告の掲載面を、予定していた第1経済面対向から、スポーツ面対向へ移動します」

新聞社の紙面編成を拒否することはできない。われわれ電通に検討の余地はなく、決定事項の通告にすぎないのだ。電通の新聞局の担当から、すぐ私のもとに報告があった。

日経の広告局営業担当者の説明によると、その日の夕方にS社が新商品についてのプレスリリース*を出し、第1経済面でその商品を取り上げることになったのだという。日経は経済ニュースについては「提灯《ちょうちん》記事」を書かない、という鉄則がある（それが本当かどうかはここではとりあえず措く）。日経新聞としては、「新商品のニュース記事の対向面には、その商品の広告を掲載しない」という編集の鉄則にしたがって、S社の広告をスポーツ面対向に移動させた、というわけである。

報告を受けた瞬間、田代部長の顔が思い浮かび、まずいことになると直感した。

（広告主）には「日経のスポーツ面対向のほうが注目度が高いんだよ」と言って、掲載面にこだわらないところもあった。

プレスリリース
企業がマスコミ各社に発表する業績予測の変更や新商品の発売といった重要なお知らせのこと。株価を左右する場合もあるため、15時に株式市場が閉まってから発表されるのが通例である。

だが、「契約上」広告の掲載面は、最終的には新聞社側が決められることになっている。田代部長から問い合わせがあれば、説明するしかないと考えていたのだ。

吉井部長と私が店を訪れると、酒に酔ったせいか、怒りが治まらないのか真っ赤な顔をした田代部長が待ち構えていた。

「おいっ、おまえら、そこへ座れ！」

田代部長はレストランの床を指さした。スーツ姿の吉井部長と私は革靴を脱ぎ、横に揃えて置くと、申し合わせたように同じタイミングで土下座した。

「申し訳ございません！」

「なんで、うちの広告がスポーツ面に動かされなきゃなんねえんだよ！　今すぐ、日経の輪転機止めてこいよ！＊　さもなきゃ、広告費は一銭も払わねえからな！」

こちらから説明するいとまも与えず、まくし立てる。田代部長の怒声に、周囲のお客の視線が集まるのがわかる。大の大人が並んで床で土下座しているのだ。異様な光景だろう。

だが、周囲の視線など気にしてはいられない。田代部長のプライドを傷つけないよう、私は正座のまま顔をあげて説明を始めた。

輪転機止めてこいよ
このS社が某新聞にビデオカメラの全面カラー広告を出稿した際、校正ゲラの色合いに担当者が満足せず、新聞社の地下に乗り込み、実際に輪転機を止めたことがある。また、その昔、ある案件で輪転機を止めに行った広

「広告の掲載面の変更は、御社のプレスリリースが今日の夕方に行なわれたからでして……」

「ふざけるなよ。そんなこと聞いてねえぞ」

そうは言うものの、田代部長にさきほどの勢いはもうない。振り上げたこぶしをどうしたらいいのか戸惑っているようにさえ思える。

「……というような事情で掲載面を変更させていただきました。田代部長にご報告が遅くなりましたことはたいへん申し訳なく、重ねてお詫び申しあげます」

吉井部長と私は床に1時間ほど正座をしたまま、事細かな事情説明を終えた。

「だからな、そういうことは俺にしっかりと説明しなくちゃダメだろう。まあ、とりあえず、今日はもう帰っていいぞ」

「すぐに輪転機を止めてこい」と言っていたのが、「もう帰っていいぞ」まで後退した。ここまで事情説明に赴いたわれわれの目的は果たされたといっていい。

周囲のお客たちからの視線を感じつつ、私たち2人は出口で振り返り、田代部長に再び深々と頭を下げ、店をあとにしたのだった。

翌日、田代部長は、S社の広報室から新商品のプレスリリースの日時について

告代理店の人間は偶然、紙面に掲載された経済スキャンダル記事を知った。彼は翌日、該当企業の株を大量に空売りして儲けた。だが、このインサイダー取引は露見して捜査対象となる。それ以降、新聞社ではいかなる理由があろうとも、印刷現場に他社の人物が出入りすることは厳禁となった。

報告を受けていたという事実が判明した。つまり、田代部長が日経の広告割り付けのあり方を理解していなかったというだけのことだったのだ。

この日、田代部長からはなんの連絡もなく、後日、広告掲載料金もきっちりと支払われた。


私は電通マンとして、これまで数えきれないくらい土下座してきた。もはや土下座になんの抵抗もない。

新人時代、営業部の先輩とともに、ある有名女性歌手のCM撮影に立ち会っていたときのことだ。撮影中、女性歌手が突然、大声をあげた。

「アタシ、こんなセリフ言えませんわ！」*

不機嫌を隠そうともしない怒鳴り声に周囲は凍り付く。すると、先輩はすかさずクライアントの担当者の前にスライディングし、「申し訳ありません！」と土下座したのだ。しかもその姿が、女性歌手の視界にしっかりと入り込むように計算して。

新人の私は、まず何が問題なのかを把握し、解決策を講じるべきだろうと思っ

こんなセリフ言えませんわ！

CM撮影に際しては事前に絵コンテで出演者に内容を報告している。だが、ディレクターの考えやその場の雰囲気でセリフや演出など多少の変更を行なうことがある。このときはセリフの語尾が当初「〜ですわ」だったのが、

たのだが、ベテラン電通マンの思考回路はそんなところに迷い込まない。続けざまに、先輩は控え室へと引き上げていこうとする女性歌手の前に飛び出すと、その靴先５センチのところに深々と土下座した。

女性歌手はやれやれといったふうに苦笑いをしていったん控え室に帰ったが、数分後にスタジオに戻ってきた。無事、撮影が再開された。

「福永、よく覚えておけ。土下座ほど効率のいい手法はないぞ」

私には、やすやすと土下座する先輩が格好よく見えた。こうして誰しもが電通マンとしての土下座を会得するのである。広告代理店の社員にとって、「クライアントは神さま」なのだから。

「〜だわ」に変更されたのが気に入らなかったらしい。

某月某日　24時間、戦えますか？：繰り返された悲劇

入社して数年が経ったころ、その時代の電通マン、いやサラリーマンの働き方を賛美するかのようなＣＭソングが流行《はや》った。

「黄色と黒は勇気のしるし　24時間戦えますか〜♪*」

世はバブル、私たち電通マンもまさに24時間働いていた。毎日、明け方にタクシーで帰宅*し、短い睡眠をとったあと、シャワーを浴び、コーヒー1杯だけで会社に向かう。

そんな日常を送っていたころ、電通に入社したばかりの男性社員・Oさんが過労により自殺した。24歳だった。「(電通内の部署) ラジオ局」のOさんとは直接の面識はないが、私の数年後輩にあたる。

当時の私は超多忙な日々にある種の高揚感を覚えていた。寝ないで働いてようやく一人前と思っていたし、それが充実感だと思うくらいには若かった。Oさんの自死の報は社内で知らされたはずだが、そのときのことはほとんど印象に残っていない。というのも、これ以前にも電通社内では社員の自殺が何件かあったからだ。「当たり前」とまでは言えなくても、決して珍しいことではなかったのだ。そして、それらの自殺はすべて〝穏便に処理〟された。

とくに私の記憶に残っていて、関係者のあいだで有名なのは、A大学生自殺事件である。A大学のX教授は「マーケティング論」を講じる高名な学者で、彼の

24時間戦えますか〜♪
1988年、三共が開発・発売したドリンク剤のCMソング「勇気のしるし」の歌詞で、歌ったのは時任三郎扮する「牛若丸三郎太」。三共によれば、「24時間戦えますか？」とは「24時間働く」という意味ではなく、「オンとオフを使い分けて戦おう」というメッセージらしいが、少々苦しい言い訳だろう。

タクシーで帰宅
新人のころから、毎月数えきれないくらいのタクシー券を使っていた。いくら使おうが咎められなかった。なぜなら、上司もそれ以上にタクシー券を使っていたし、事務処理をする総務課の女性社員たちにも私たちが毎月何枚ものタクシー券を「提供」していたのだ。

ゼミからは電通へ毎年数名の内定者を出していた。電通とX教授とのあいだにはコネクションがあったのだ。ある年、X教授の息子が、親が教鞭をとるA大学を卒業し、電通に入社した。ところが、入社した彼はまもなく若い命を自ら断った。父親であるX教授は「表沙汰にしたくない」という意向を持ち、電通も「労務と自殺には因果関係がない」という見解を貫いた。電通からX教授へ相当額の「見舞金」が支払われたとされ、その後もA大学のX教授のゼミからは毎年電通への内定者を出している。例によってこの事件も〝穏便に処理〟されたのだ。

Oさんの事件がそれまでのものと違ったのは、遺族が電通を相手取り裁判を起こしたことだ。

Oさんの1カ月あたりの残業時間は147時間にも及んだとされ、遺族は会社に強いられた長時間労働によりうつ病を発症したことが自殺の原因であるとして、損害賠償請求を起こした。電通はこれを認めず、遺族側と民事裁判で争うことになる。

こうしてOさんの自殺と、それにまつわる裁判が表沙汰になったのだが、その後も電通の社内に長時間労働を見直そうとする機運が高まることはなかった。私もまた営業局で働きながら、Oさんの事件をどこか他人事《ひとごと》として捉えていた。

2000年3月、最高裁でOさんの事件についての判決が下った。

判決は、Oさんの長時間労働について、使用者である電通に「安全配慮義務違反」を認定し、長時間労働とうつ病の発症、うつ病罹患の結果としての自殺を事実認定した。この判決は、従業員の過労自殺に関わる民事上の損害賠償請求事案について因果関係を認めた初めての最高裁判決*となった。

このニュースは大々的に報じられ、私もテレビや新聞でその報道に接した。だが、このときも社内はどこかピンと来ていなかった。実際、私の周辺にも「自殺した側にも何かしらの問題があったんだよ」とうそぶく社員がいた。

そして、悲劇は繰り返された。

2015年のクリスマスの朝、電通の新入社員・高橋まつりさんが社員寮から飛び降り自殺した。

この事件もまた、当初、電通社内ではさほど話題にはならなかった。Oさんの事件の判決から15年がすぎ、多くの社員もそのことを忘れていた。

最高裁判決
判決では、上司から革靴の中に注がれたビールを飲むよう強要されたり、靴の踵で叩かれるなど、Oさんに対するパワーハラスメントの事実も認定された。この判決は、慰謝料賠償金額が1億6800万円と高額になった。この裁判は、労働法の分野では「電通事件」としてよく知られている。

残業時間を超えないよう
勤怠管理はパソコン上のシステムで厳格になされているから、〝使命

彼女は、2015年4月の入社後、デジタル広告関連の部署に配属され、インターネット広告を担当していた。この仕事は、テレビや新聞・雑誌などとくらべて受発注のスピードが速い激務として知られている。

彼女は、本採用（入社から9月までは試用期間という建て前である）となった10月以降に仕事量が急増。1カ月の時間外労働は約130時間に達し、過労死ラインといわれる80時間を大幅に超えていた。だが、上司は労使協定で決められた残業時間を超えないよう*、彼女に勤務時間を過少申告させていた。

当時の電通において、たとえば営業局では「月80時間」の残業は当たり前*だ。だが、それはイベント開催時の現場立ち会いなどにより、土日の残業が加算されるのが一般的だ。高橋まつりさんのような、内勤デスクワーク中心の残業時間とは業務の性格が異なる。

高橋さんの自殺後も、電通は、彼女の失恋話を利用し、自殺の原因を個人的問題に結び付けようと画策した。しかし、彼女のツイッターには過労だけでなく、上司によるパワーハラスメントやセクシャルハラスメントの被害を確信させる書き込みがされていた。

感〟のある若手社員はシステムの網をかいくぐってサービス残業を試みる。まずPCで退社時間を入力し、正面出口のフラッパーゲートを社員IDをかざして通過する。そして、警備員の隙をつき、「回れ右」をして出てきたばかりのゲートを飛び越えて社内に戻る。この手法が咎められるようになると、会社を出て、地下3階まで行き、人目のないフラッパーゲートを飛び越え、デスクに戻って残業し、仕事を終えると再び地下のフラッパーゲートを飛び越えて帰宅するのだった。

残業は当たり前
残業や休日出勤は肯定的に受け止められ、若手だと「頑張っている証拠」として目を細める上司もいた。当然、残業代も休日出勤手当もすべて認められていた。

2017年10月6日、東京簡易裁判所は「違法な長時間労働が常態化し、サービス残業が蔓延していた」とし、電通に対して労働基準法違反により罰金50万円の支払いを命じる判決を下した。*電通は控訴せず、罰金刑が確定した。そして、判決を受け入れた電通は、高橋まつりさんの遺族に対して、賠償金を支払うことで和解した。

これまでの事件ではどこか他人事であった電通の社内も、この事件を境に一変した。イントラネットには、高橋さんの自死に関して会社が全面的に責任を認めるとする社長のコメントが掲載された。さらにパワハラやセクハラへの厳罰化が図られるとともに、内部通報制度が強化*され、匿名で社外の弁護士事務所に直接訴えられる手段が新設された。

そして、管理職が部下に対して過度な残業を命じることがなくなった。それは劇的な変化だった。どうしても残業が必要な場合は、管理職自らが働くようになった。

クライアントの労働意識が様変わりしたのも大きな要因だろう。クライアント側も残業などしなくなったし、広告代理店に残業が必要なほどの業務を発注しな

判決を下した
判決は、電通について「日本を代表する企業の一つで、労働環境の適正化に率先して取り組むべき立場にあるところ、違法な長時間労働が常態化していた」と指摘。平成26年6月に関西支社が労働基準監督署から是正勧告を受けるなどしたあとも、2020年東京オリンピック・パラリンピック関連の業務が受注できなくなることを避けるため「会社の利益を目的として」サービス残業を蔓延させ、「電通の刑事責任は重い」とした。

内部通報制度が強化
これにより、セクハラ・パワハラ通報の対応に追われた人事局社員の残業が増えるという皮肉な現

いのだ。さらにコロナ禍を機に、大部分の業務がリモートで完結し、それでなんら問題がないというコンセンサスができあがったことも大きい。

もう24時間戦うことなど誰も求めてはいないのだ。

某月某日　扱いづらい人材：リストラ策

コロナ禍は、電通社員の働き方そのものを全否定するかのように、電通の業務を根本的に変えた。ほとんどのクライアントが業務の大部分をリモートに移行したのにあわせ、電通もまた多くの業務をリモートにした。

対面が常識であった営業職や、微妙なニュアンスのやりとりが必要なクリエイティブの打ち合わせでさえリモート業務となってしまった。広告の企画をプレゼンするにあたり、絵コンテをパソコン画面にかざしてどれだけ臨場感やシズル感*を表現できるというのか。会社は通勤定期の支給をやめ、代わりに社員の自宅の電気料金を補助し始め、オフィスはガラガラ*になった。そして、コロナ禍が終息

象が起こったという。

シズル感
広告表現において、食欲や購買意欲を刺激する瑞々しい感覚のこと。肉や揚げ物がジュージューと音を立てたり、肉汁が滴り落ちることを意味する英単語「sizzle」に由来する。私の知るCMプランナーは、落語家が扇子で蕎麦をすする芸を見せるように商品のシズルをプレゼンした。また、別のコピーライターはプレゼン時、毎回、自分で作詞作曲したCMソングを披露し、振り付けまでつけた。これも広告マンの表現におけるシズルといえよう。

オフィスはガラガラ
これを機に、電通は社員のリストラとともに不要となった賃貸ビルもすべて解約したのを手始めに、東京、大阪、名古屋など

した今でも、電通の業務の半分はリモートワークのままだ。

コロナ禍の以前から電通ではたびたびリストラが行なわれた。その中のひとつが、部長職以上の社員に対する「退職金の上乗せ支給」制度という名の肩たたきである。また、「N合同会社*」という受け皿会社を設立し、早期退職した社員と業務委託契約を結んだ。

そして、電通は早期退職者に支給する退職金の上乗せ額を毎年増額していった。早く辞めればおトクですよというわけだ。55歳で退職する社員の退職金額の合計はついに6000万円を超える水準*に達した。

入社同期で、年に1〜2回飲んでいた姫野は、比較的早い時期に早期退職制度を利用して退職していた。退職後に久しぶりに飲んだ際、彼は地団駄を踏んで悔しがった。

「福永、俺は辞めるのを早まったぜ。もう2年我慢していたら、退職金はあと2000万円増えていたのに！」

2000人以上の社員が電通を去る中、私は早期退職に応じていく同僚たちをどこか冷めた目で観察していた。

の本社ビルを次々に売却していった。現在、汐留にあるかつての電通本社ビルは、不動産大手・ヒューリックなどが出資する特別目的会社（SPC）に3000億円で売却され、電通はそこを賃貸している。

N合同会社
電通の100%出資子会社として2020年11月に設立。電通が提唱する「ライフシフトプラットフォーム」は、40〜50代で電通を自主退職した元社員が、個人事業主や法人代表の「プロフェッショナルパートナー」として同社と最長10年間の業務委託契約を結び、一定の固定報酬を得ながらプロフェッショナル人材としての第二のキャリアに挑戦することを後押しする…というのが建て前である。2024年現在、同社と業務委託契約をし

「君たちはもはや会社から必要とされていないんだ」

そんなふうに彼らのことを見ていたのだ。

早期退職を決めた多くの同僚は一様に同じことを言った。

「俺はつぶしがきく人材だ。どこかが俺のことを拾ってくれるよ」

ところが、実際に彼らの多くは再就職先が決まらずに右往左往することになる。

世の中のあらゆる職種の中で、電通マンというのはもっとも扱いづらい人材かもしれない。スキルがないのにプライドだけ高く、高給をもらえて当然と思っている。

彼らのことを冷ややかに見ていた私もまた、リストラの大波に呑まれていくことになるのだが、その詳細は第4章にゆずることにしよう。

某月某日　接待漬け：ゴルフ、料亭、ソープランド

大手電機メーカー・F社の宣伝部長・松木氏は大のゴルフ好きだった。デスク

た元電通社員で「給料が上がり、やりがいがある」という声を、私はついぞ聞いたことがない。

6000万円を超える水準
実際に、本来の退職金3500万円に加えて、「早期退職特別金」2500万円を受け取った社員がいると聞いた。

の上にはつねに数冊のゴルフ雑誌が積んであり、暇さえあれば、机の脇に立って、体を捻ってシャドウスイングを欠かさない。

この松木部長、何かというとわが社の営業部長を呼び出し、こう言う。

「来週さぁ、行こうよ」

つまり、「ゴルフの接待をしてよ」ということで、その裏には「断れば、例の案件は飲めないぞ」という意味が隠されている。

「じつは、来月の展示会のブースだけどさ、あれトラス（柱の構材）はうちの自前じゃん。それなのに立て付けと解体のコストが高すぎるって、購買部から言われていて、下手したら稟議《りんぎ》が通らないかもねぇ」

脅し文句も忘れない。

営業部長も当然、松木部長の要請に応えようとする。さもないと〝扱い〟が飛んでしまうかもしれないからだ。

昔も今も広告宣伝担当の役員や宣伝部の部長クラスには、少なくとも月に1回のゴルフ接待*（たいていはハイヤーでの送り迎えとお土産付き）が行なわれている。

われわれがクライアントを接待*することもあれば、逆にわれわれがメディアや

ゴルフ接待
創業100周年の2001年11月30日、電通は東証一部に上場した。それ以前は、広告宣伝部の課長や係長クラス、平社員までも2カ月に1回ほど、打ち上げなどと称してゴルフ接待が行なわれていた。そのために電通に限らず、大手広告代理店の営業部長には、全国各地の名門ゴルフ場の会員権が貸与されていた。20

プロダクションなどの協力会社、取引先からゴルフ接待を受ける場合*もある。さらにゴルフの前後にはさまざまなプラスアルファがついてくる。

バブル期の話である。金曜日の夜、「テレビ局」（電通内の部署）所属の20代の若手社員・粟村君は、地方テレビ局の東京支社の社員に伴われて九州の某県に飛んだ。空港にはハイヤーが出迎え、地元の高級料亭に直行。食事を済ますと、会員制の高級ソープランドにいざなわれ、泡を洗い流したら、その日は高級ホテルに宿泊。翌朝、ハイヤーが迎えに来て、地方テレビ局の幹部らとゴルフラウンドを行ない、夜は料亭、再び高級ソープランドで第2ラウンド。その翌日も朝からゴルフをプレーし、終了後ハイヤーで空港へ向かい、東京に戻る。役員でもなんでもない、20代の若手社員でさえこうなのだ。

今日でも金額の多寡は別として、広告代理店からクライアントへ、そしてメディアから広告代理店への接待が消えたという話は聞かない。ゴルフ以外でも、クライアント各社の宣伝部長クラスへの接待では、高級料亭、会員制のバーや銀座のクラブが定番である。回数は減ったが、こういう状況を広告代理店としても容認、いやむしろ奨励しているのだ。

２４年現在では、人事異動のたびに行なわれる、膨大なゴルフ会員権の名義書き換え料もバカにならず、ゴルフ接待そのものが減ってきている。

われわれがクライアントを接待
通常は営業局の社員がアテンドすることになるが、場合によっては、金髪外国人のマーケティング担当者（電通の契約社員）だったり、テレビ局の女性アナウンサーとのゴルフラウンドをセッティングしたりすることもある。

ゴルフ接待を受ける
その昔、電通クリエーティブ局の局長は、「私は電通に入社してから１回も自分の金でゴルフをプレーしたことはない」と社内の大きな会議で発言し、この発言がもとで左遷となった。

上司の生態を見ている部下たちも、徐々にその色に染まっていく。しかし、いくらクライアントの広告宣伝部とはいえ、若手の社員はそこまでの恩恵には与《あずか》れない。

それがわかっている若手社員たちは私の耳元でぼやく。

「居酒屋でいいから、うまい刺身が食いたいなぁ」

「六本木に新しくキャバクラができてね。そこに行ってみたいんだけど」

「このところ焼肉食ってないんだよなあ」

彼らのつぶやきに、われわれ広告代理店社員は応えようとする。私自身は、こういった少額の接待*は可愛いもので、人間関係を円滑化させたり、どうしても通したい仕事の交渉に使ったりすることに抵抗はない。いや、電通の土壌がそうさせたのか、むしろいいことだと思っている。

すべての会社に営業成績に関するノルマがあるように、もちろん広告代理店にも四半期ごとにノルマが設定される。日ごろの接待がここ一番というときに力を発揮するのだ。

広告業界にも「ニッパチ」と呼ばれる時期があり、2月と8月は例年、売上げ

少額の接待
少額接待の代表的なものはランチ接待だ。1人あたり5000円以内なら会議費で落とせる。その程度の要望なら喜んで応える。私の先輩には、「昼休みに吉原のソープランドへ行きたい」というクライアントのおねだりに応え、タクシーで吉原へお供した猛者（もさ）がいる。

が伸び悩む。あるとき、私のいた営業局も、第4四半期の売上げに苦しんでいた。

期末まであと1週間となり、目標達成は絶望的と誰もがあきらめる中、営業局長だけが泰然自若としていた。

「ちょっと出てくるわ」そう言い残すと、彼はハイヤーで化粧品メーカー・カネボウに向かい、そのまま直帰した。

翌日、昼前に悠々と出社してきた彼は、営業局のフロア全体に響く声で言った。

「テレビスポット５０００万、カネボウで決定な！」

前日、営業局長はカネボウの役員に直談判に行き、その場で５０００万円分のテレビスポットＣＭの受注を決めてきたのである。さすが局長*、日ごろの接待はこういうところで効果を発揮するのである。

さすが局長
じつはこの数日前、営業部長がカネボウにお願いに馳せ参じたものの、スポットCMの出稿を断られていた。クライアントを口説くにも「格」が必要なのである。

某月某日　中元・歳暮：「したい」と「してもらいたい」の狭間で

豪勢な接待にくらべると、電通からクライアントへの中元・歳暮は質素である。

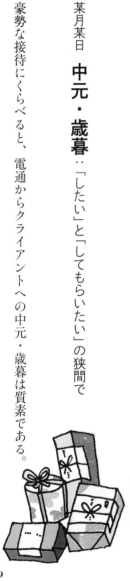

家族の目に触れる贈答品は、常日頃の豪勢な接待の隠れ蓑の役割を果たすかのように。各社の宣伝部長クラス宛でも缶ビールの詰め合わせ程度だし、一般社員には、電通のロゴ入りのタオルがせいぜいだ。

一方、メディアやプロダクションから電通社員に対する中元・歳暮は豪勢だ。* 私のような平社員に対してさえ、中元・歳暮の時期には、週末に自宅に百貨店の包装紙に包まれた品物が次々に届く。

大手飲料メーカー・C社の清涼飲料水のブランド担当をしていたころには、CM制作会社から、高級ウイスキーとバカラのグラスや、ロイヤルコペンハーゲンの食器セットなどの贈答があった。

もっともすごかったのは、私が衛星放送・S社の担当時代だった。関東のテレビ局、ラジオ局各社からの贈答は大量で、もう家では消費しきれないほどの品物が自宅に届いた。高級ハム、高級ウイスキー、ワイン・シャンパン、和菓子・洋菓子、ビール・ジュース、サラダ油セットなどが次から次に届くのである。

ある夏、私は各メディアの営業担当者にこう頼んだくらいだ。

「ほかのものはともかく、ビールやジュースの詰め合わせだけは、自宅ではなく

中元・歳暮は豪勢
バブル期にはビール券やお米券が飛び交った。大量にもらったその類を金券ショップに持ち込む輩も出た。要するに「現ナマ」が贈られているのだ。ある年、新橋界隈の金券ショップに大量のビール券が持ち込まれ、買取価格が混乱したという噂が立った。

会社宛に送ってくれませんか。自宅ではもう消費しきれません」

中元・歳暮でもっともすごいのは、電通の「新聞局地方部」と「テレビ局ローカル部」に対する贈答である。この2つの部署は、かつて*電通の東京本社、関西支社、中部支社にあり、地方新聞・地方テレビ局の広告枠を取り扱う。

実際のところ、地方部やローカル部の社員たちの差配次第で、ナショナルクライアント（広告主である大企業）のその地域や県での広告の出稿量が決まるといっていい。

地方テレビにおけるスポット広告出稿の具体的な流れを見てみよう。

まず、ナショナルクライアントから「広告を打ちたい」という、おおまかな依頼が広告代理店に来る。

「いつもどおり電通さんにまかせるから、テキトーにCM予算をローカルテレビ局各局に割り振ってよ」

ほとんどの場合、プランニングから発注までのほとんどが広告代理店に一任される。ローカル放送局は山ほどあり、クライアントの宣伝担当者が、地域ごとの発注金額の割り振りを自分で考えていたら日が暮れてしまうからだ。

かつて
現在では、関西支社、中部支社にあった新聞局地方部、テレビ局ローカル部は、縮小・廃止され、東京本社にその機能が移されている。

代理店に丸投げの状態*なのは、じつはテレビ局も同様。ローカル放送局の営業社員も人数に限りがあり、すべてのナショナルクライアントを営業して回ることなど不可能なため、電通のローカル部に依存する。

広告したい側（企業）と、広告してもらいたい側（テレビ局）のあいだで差配する*のがわれわれ広告代理店である。

広告代理店は広告主の企業にこうささやく。

「この局の朝のワイドが地元民の支持を得ていて、視聴率そのものよりも『視聴質』が良いので、この局への出稿がお勧めです」

ローカルテレビ局に対しては理由の説明など不要だ。「クライアントの意向です」の一言で、割り振る予算を決める。

電通のテレビ局ローカル部は、その専門知識を駆使して、〝好きなように〟広告の打ち方を差配できる。簡単にいえば、便宜を図ってもらったテレビ局に有利なプランを提出することも可能なのだ。

同じことは地方新聞にもいえる。電通の新聞局担当は、広告主である企業にこ

丸投げの状態
クライアントに複雑なテレビ広告の世界を理解している人はほとんどいない。少なくとも私は、営業としてクライアントからテレビのスポット広告の出稿戦略について具体的な指示を受けたことは一度もない。

差配する
電通の社員の中には、ローカル放送局やラジオ局の営業担当者が直接クライアントに出向くことを許さない者もいる。〝余分〟な情報により、差配できる幅が小さくなるからだ。私の知る限り、電通の目を気にせず、果敢にクライアントに営業をかけていたのはニッポン放送の営業マンだけだった。

う説明する。

①「地方紙のシェアはかなり高い*ので、割安な地方紙だけに広告を出稿しておくのがベストな方法です」

②「やはり全国紙の力は絶大なので、朝日や読売は外せません。全国紙への広告が一番効率的に消費者にリーチできます」

③「カバー率を高めるためには、地方紙と全国紙の両紙に出稿するべきです。多少コストはかさみますが、これがベストな広告展開になります」

この①〜③の選択肢をいかようにも使い分けて説得するのである。どれも間違っていないのだから。

つまり、電通の新聞局地方部やテレビ局ローカル部の社員は、地方紙、地方局にとって、生殺与奪権を握っている人たちなのである。

中元・歳暮の時期、新聞局地方部とテレビ局ローカル部の社員宅において、宅配業者のチャイムが鳴り止まないゆえんである。

地方紙のシェアはかなり高い
株式会社メディアバリューによれば、北海道新聞の発行部数は90万部で道内シェアは約73%、朝日、読売、毎日、日経を合わせた合計が33万部だから、シェアはかなり高い（2021年調査）。宮城県の河北新報は38万部で県内シェアは74%、新潟県の新潟日報、愛知県の中日新聞もそれぞれシェア7割と圧倒的である。

某月某日　トライアングル：一番強いコネは？

コネ入社のトライアングルは、電通、クライアント企業、マスコミの3者の三角形で成り立っている。このうち、一番強いコネは何か？

「そりゃ、金を払ってるクライアント企業（広告主）が最強でしょう」と答える人が多いだろう。じつはこの筋はそれほど強くない。お金の流れが、クライアント企業から広告代理店への一方通行のうえ、広告担当部署の人員の異動も多い。役員でも部長でも所詮サラリーマン。いつまでもその地位にとどまっているという保証はない。

大手飲料メーカー・C社を担当していたときのことだ。

C社のマーケティング部*長・古屋氏が、長男を電通に入れたいと、営業局に申し入れをしてきた。古屋氏は流暢な英語を駆使し、スマートかつスタイリッシュな仕事を旨とするエリートサラリーマンだ。仕事ぶりと同様、その依頼もスマー

マーケティング部　外資系クライアントの場合、宣伝部を「マーケティング部」と称するこ

トかつスタイリッシュに秘密裏に行なわれた。営業局はその意向を人事局に伝えて、段取りをつけた。

しかし、古屋氏の長男は、電通からの内定をもらえなかった。古屋氏はエリート然としたふだんの態度をかなぐり捨てて、電通の営業局の部長に怒鳴り込んだ。営業部長がトコロテン式に営業局長に伝え、営業局長が人事局に確認に行ったところ、じつは担当常務が申請書をあげ忘れていたことが判明した。

営業局長は、古屋氏に平謝りし、彼の長男を電通の関連会社にねじ込み、さらにお詫びのしるしに翌年、彼の次男を電通へ入社させることで決着と相成った。

だが、話は一件落着で終わらない。翌年、無事コネ入社した古屋氏の次男は、入社して1年もしないうちに退職してしまった。なんのためのコネ入社だったのかと営業局長は嘆いたが、原因は、次男坊の配属先にあった。

次男が配属されたのは、新聞局地方部だった。

新聞局地方部というのは、前述のとおり地方紙の生殺与奪権を握っていて、2011年以前までは独占的に歴代の社長を輩出していた名門部署である。その代わり、地獄のようなしごきで社員を鍛え上げる伝統で知られる「泣く子も黙

とが多い。マーケティング部は、セールス部門から明確に分離され、商品のブランドを開発・維持・強化することに特化した部門とされることが多い。マーケティング部の下部組織として、メディア担当部署、プロモーション（販売促進）部署が置かれる場合が多い。

る」部署でもあった。次男坊の配属は、営業局のゴリ押しに対する、人事局による無言の抵抗だったのであろう。

C社担当の私は、当の次男坊君を知っており、電通入社後の彼と何度か昼食をともにしたことがある。彼はこう愚痴った。

「福永さん、売れないものを毎日売るってたいへんな作業ですよ」

「売れないもの」とは地方紙の広告枠を指す。地方新聞の広告枠には当時でもそれほどの需要がない。

「地方部の社内営業力は絶大だって聞くぜ」

「ハハハ、皮肉ですか」

次男坊は力なく笑った。

広告枠が埋められない新聞局地方部の若手社員が行なうのが「拝み倒し作戦」だ。直接、社長に通じている新聞局地方部を、各局の営業部長は無下《むげ》にできない。この関係性を利用して広告を取る。つまり、広告枠をクライアントに売るのではなく、社内の営業局などに買ってもらう。* だから、新聞局地方部の若手社員は毎日、電通社内の営業部を駆けずりまわる。「クライアントじゃなくて社内で広告

社内の営業局などに買ってもらう
このときに用いられるの

を取る」などと揶揄《やゆ》されながら。

「そういう目で見られながら、忙しそうにしている営業の方々のそばで、広告もらえるまで何時間も頭を下げ続けているんですよ。僕はもう耐えられそうもないんです」

　苦労することもなくコネで入社した次男坊は、そういった毎日に耐えられず、1年もたずに退社したのだ。それと時を同じくして、C社のマーケティング部長・古屋氏は別部署に異動になった。こうなれば、もう蚊帳《かや》の外。電通にクレームをつけることもできない。クライアント筋が最強のコネなら、こんなことは起こらない。では、最強のコネはなんだろうか。

　マスコミである。広告代理店とマスコミ各社は、お互いに取引する広告を介した依存関係にある。株式の持ち合いも含め、その関係性はもたれあいといっていい。

　近年では、クライアントの宣伝部長クラスでは子息を電通にコネ入社させるのは難しくなった。それにくらべて、マスコミ関係のコネ入社はまだまだゆるい。私が思うに、それはもはや金銭的なつながりを超えて、「いびつな絆」としか表

が「社負担」と呼ばれる経理処理だ。このケースでは、営業局はクライアントに対して「日ごろからお世話になっているサービス」として地方紙の広告枠をタダで差しあげるのだが、その広告費は営業局が負担している。原資は「マークアップ」という手法である（これについては後述する）。

現できないものである。実際に、電通社内には、地方新聞や地方テレビ局の役員の子息がひしめき合っているし、マスメディア側にも電通幹部の子息が多く入社していく。

電通とマスコミ各社は互いに相手の有力者の子息を囲うことで結束を高める。まるで戦国時代の政略結婚のようでもある。

某月某日 センベイ：「さすが大物だよ」

社内報『電通人』*の4月号には、その年の新入社員が顔写真入りで紹介される。氏名などの基本的な情報*にくわえ、本人が語る抱負が記載される。

ある年、気まぐれに『電通人』をめくっていて、手がとまった。ある新入社員の紹介欄にだけ顔写真がないのだ。「鶴井和志」という氏名と基本情報だけが掲載されている。

不思議に思っていると社内の情報通で知られる添田君が教えてくれた。

社内報『電通人』
毎月発行され、社員の仕事に関する裏話、成功談のほかに「登山の趣味」や「マラソンに挑戦」といった社員のプライベートな話なども掲載される。事前に「新入社員紹介号」のゲラを入手して、新入社員の中から美人を選りすぐり自分たちの部署に引っ張ろうと画策する者もいたらしい。

鶴井和志君は、自民党のある大物政治家の長男だった。遊びすぎたのか、勉強ができなかったのか、大学卒業を迎える直前になっても就職先が決まらない息子を憂慮したパパは3月に電通の社長に電話をして、「わかっているな」と恫喝《どうかつ》したという。鶴井和志君の就職先が決まった瞬間だった。こうした経緯があり、彼の顔写真だけが社内報の印刷に間に合わなかったのだ。

6月、なんと私のいた営業局に、その鶴井和志君が研修にやってきた。バランスが悪いほど大きな結び目のネクタイは斜めにねじ曲がり、スーツにはシワが目立った。そばによると、何日も風呂に入っていないのか、汗とヘアリキッドが交じり合ったニオイが鼻をついた。

「よろっしく、お願っい、しま〜すぅ」

鶴井君は気の抜けたようなあいさつをした。父親似の、ぶ厚いレンズの眼鏡の奥は淀んでいるように見えた。

事件はその日に起きた。鶴井君は面倒見役に任命された田原営業部長とともに、クライアントである大手化粧品メーカーの打ち合わせに同行した。先方の応接室に着き、打ち合わせが始まったタイミングで、彼はテーブルに置かれていた来客

基本的な情報
かつては出身大学が記載されていたが、現在では大学名の記載はなくなった。

用の籠に盛られたセンベイをバリバリと盛大な音を立てながら食べ尽くしたという。打ち合わせから戻ってきた面倒見役の田原部長は、「さすが大物だよ」と精一杯の皮肉を込めて、私にその模様を面白おかしく話してくれた。

翌日、クライアントからクレームが来た。その日付けで、彼は「人事局預かり」となり、次の日から営業局に姿を見せなくなった。事実上、蟄居閉門《ちっきょへいもん》させられたのだ。

7月に入ってすぐ、鶴井君が営業局に再びやってきた。退社の挨拶まわりだという。田原部長は「電通にとってもいいし、彼にとってもそのほうがいい」と笑いながら話した。

当の鶴井君はまったく悪びれる様子もなかった。自分がしたことや、社内での処遇もまったく意に介していないふうだった。私は彼に訊ねた。

「これからどうするの」

彼は、そばにあったセンベイの袋を破り、それをバリバリ食べながら答えた。*

「はい。パパが作った警備会社に、取締役で来月入社することになりました」

バリバリ食べながら
読者の多くは、私が面白おかしく誇張した光景だと思われるかもしれない。

翌年、電通の人事局は歴史的見解を表明した。

「近年、縁故入社によって、社員全体の質的地盤沈下が認められる。足切りのための試験を導入する」

入社試験で一定以上の成績をあげられなければ、どんなコネを持っていたとしても、例外なく内定を出さないという、電通史上初めての人事政策だった。

ところが蓋を開けてみて、みんなひっくり返った。その内実は「設問10問中、正答が6問以下は切り捨て」というものだった。小学生のテストじゃあるまいし。

これで不当なコネ入社がなくなったのか、その答えは誰も知らない。

某月某日　キーマンを探せ：シブチン部長、攻略法

新入社員のころ、担当した大手家電メーカー・F社の宣伝部長*・菊川氏は長身の痩せぎすで、宣伝部きってのコストカッターとされた。神経質なほどのシブチンで、宣伝経費についても重箱の隅をつつくような指摘をするのを生き甲斐にし

誇張でも脚色でもなく、鶴井君はその場でセンベイをむさぼり食った。私はコントでも見ているかのような錯覚に囚われた。どうしても忘れられない光景として脳裏に焼き付いているのだ。

宣伝部長
広告代理店にとって、クライアントの宣伝部は「神さま」のような存在であると書いたが、クライアント社内で宣伝部の存在はどのようなものか？　ソニーのようにブランドの価値を高めることに熱心で、そのために多くのコストをかける企業を例外として、基本的に宣伝部の地位は高くない。宣伝部自体がメインストリームから外れていて、長く在籍すればするほど、潰しがきかないとみなされることも。

ているような人物だった。

この菊川氏、無類のピアノ好きだった。家にはグランドピアノを備え、その腕前はプロ並みなのだと聞いた。自ら弾くだけではなく、造詣《ぞうけい》も深く、音楽全般に詳しい。

F社は、年に一度、都内で開催されるピアノコンサートのメインスポンサー*となっており、これも菊川氏の指示によるものとされていた。シブチンのくせに、ピアノ関連のイベントにだけは財布のヒモがゆるくなるのだ。

菊川氏のピアノ好きを熟知していた電通は、ほかの会社が引き受けてくれそうにない日本人音楽家のピアノコンサートの協賛案件を提案して、F社に難なくスポンサーとなってもらったこともあった。ともかく、広告案件にピアノがからんでいれば、10戦10勝状態となっていたのである。

F社の新CMを制作することになり、同社の担当だった私は、CM制作費についての見積もりを菊川氏に提出した。見積もりを見た菊川氏は露骨に顔を曇らせた。

「予想していたよりもずいぶん高いんだね」

コンサートのメインスポンサー
海外の大物アーティストの来日公演などでは、主催者がステージ正面前を「関係者席」として用意する。この席は、テレビ局の上層部やスポンサー筋、そして広告代理店に回ってくる。ある年、アメリカの音楽祭の日本特別公演が予算不足で開催の危機にあった。冠スポンサーに飲料メーカー・C社を決めたところ、主催者が喜び、その後マイケル・ジャクソンをはじめ大物アーティストのチケットを割り当ててくれるようになった。これが

菊川氏はいつも初回の見積もりにクレームをつけてくる。私の予想したとおりのセリフだった。「再検討します」と言って、その日は辞去することになった。

制作費の合意を得ないままに、ＣＭ制作がスタートした。広告代理店の現場では、事前見積もりの合意がなされないまま仕事を進行せざるをえない。広告の掲載日や放送スケジュールが先に決まっていることがほとんどだからだ。

テレビＣＭのＢＧＭにはジャズピアノのオリジナル演奏をつけていた。ＣＭプランナーの発案で、とくに菊川氏を意識したものではなかった。

編集の段階になった際、ふだんは宣伝部長クラスが立ち会うことなどない編集スタジオに菊川氏がやってきた。「近くに来たついでに」ということでまったくの偶然を装っている。

そして、編集作業にあれこれと意見を述べたあとに、その場で完成形にＯＫを出してくれた。

通常、テレビＣＭの編集には長い時間が必要だ。編集作業はピリピリとした雰囲気の中で行なわれ、作業が深夜に及ぶことも珍しくない。時には、最終カット編を確認したクライアントが「気に入らない」として、編集作業をまるごとやり

電通の「コンサートチケット利権」の一例である。

直すことすらある。

ところが、ふだんクリエイティブディレクターが最終ＯＫを出した完成形をチェックするだけの菊川氏が深夜の編集スタジオに現れ、その場でＧＯサインを出す。異例の対応であった。

彼はテレビＣＭに乗るピアノのメロディーが気になって寝付けなかったのであろう。菊川氏は編集スタジオからの帰り際、私の耳元にささやいた。

「このＣＭのさ、オリジナルのジャズピアノの楽譜ってあるの？」

私は即答した。

「すぐにお届けします」

そんな楽譜など存在していなかった。ピアニストの即興演奏だったからだ。

私は上司の許可を得て、制作プロダクションのプロデューサーに楽譜の書き起こしを依頼し、できあがった楽譜を手にＦ社の本社を訪れた。

「おおっ、持ってきてくれたのか。悪いね。ありがとう」

菊川氏は破顔した。もう、彼の指がエアーピアノを演奏し始めていた。

ＣＭ制作の精算見積もり*が、当初の予定どおりで承認されたのは言うまでもな

ＣＭ制作の精算見積もり
われわれ営業は、銀座の

い。

この事例に限らず、広告代理店の営業担当が、クライアントのキーマンの趣味嗜好を正確に把握しておくことは必須の心得である。社長は言うに及ばず、宣伝担当役員、宣伝部長、宣伝部員の面々、さらには彼らの家族の好きなことや好きな人まで調べておく。私の経験上、キーマン本人よりもその配偶者や家族の〝大好き〟を攻めたほうが勝率が高い。

「社長の奥さまは韓流ドラマ主演の××さまの追っかけ」「宣伝部長の奥さまは茶道の師範」「常務のお嬢さんはイギリスに語学留学中」……こういうことを押さえておくと、いざというときに役に立つのである。

実際にこういう話がある。営業局の先輩・根来さんはあるとき、パソコンメーカー・F社の宣伝部長と酒席をともにした。酒に酔った宣伝部長は上機嫌でこう言った。

「山田洋次監督の『幸せの黄色いハンカチ』が好きでねえ。俺は、高倉健さんが大好きなんだよ。じつは女房も健さんの大ファンで、それがきっかけで結婚する

クラブなどでクライアントを接待した費用までも精算見積もりに盛り込んでおくことを忘れてはならない。もちろん「接待費」などと明記するはずもなく、各種請求にまぶして上乗せされることになる。

までになったのさ」

根来さんはその会話を鮮明に記憶していたのである。

1994年、F社が社運を賭けた新パソコンを売り出すことになり、その広告プロモーションが競合プレゼンとなった。宣伝部長は役員に出世していた。

競合プレゼンを知った根来さんはクリエイティブディレクターを説得した。

「新CMには必ず高倉健さんを起用したい。ギャラがいくらになっても構わない」

そして、電通は競合プレゼンに圧勝し、高倉健さん出演のテレビCMが制作された。今でも、F社役員の自宅には、役員夫妻と高倉健さんとの写真と、サイン入り色紙が飾られているのである。

某月某日　**不倫の代償**：2週間の海外出張にて

飛松氏は、私より入社年次*が1年上の営業の先輩だった。彼はある国立大卒で、

入社年次

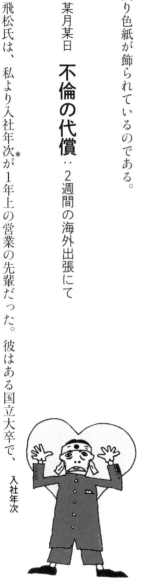

その大学の応援団長を務めたことを何より誇りとしていた。押しが強く、仕事ができた。上司たちからの評判もすこぶる良かった。

「おまえも飛松を見習えよ」「飛松先輩の爪の垢《あか》でも煎じて飲んだらどうだ」「飛松君の言うことをよ～く聞いておくんだぞ」……上司たちから、何度その名前を引き合いに出されて説教をくらったことだろう。

クライアントからの評判もすこぶる良かった。何を言われても笑顔で「わかりました！」と即答するからだ。

しかし、その煽りをくらうのは、彼の後輩たち、つまり私たちなのだった。

「おいっ、福永、明日までにこれをやっておけよ！」「おまえ、こんなこともできねーのか！」

〝上〟にはおぼえめでたい飛松氏は、〝下〟にはいっさいの寛容さがなかった。押し付けるだけ押し付けて、指導するという姿勢もない。仮面の下の顔に私はうんざりしていた。

ある年、サッカーワールドカップにおけるテレビ放映の広告枠を、飛松氏が担当していた電機メーカーに販売することに成功した。当時、テレビ局各社は、こ

大学入試で浪人したり大学で留年したりで、入社年次が先輩でも年下ということがある。そんな場合も実年齢は関係ない。電通における、先輩・後輩を区分する絶対的基準は「入社年次」である。

の手のビッグなスポーツイベントの広告枠セールスに成功した広告代理店の営業社員に、インセンティブとして、その試合の観戦旅行をプレゼント*するという企画を多用していた。4年に一度のプレミアムイベントは、テレビ放送枠の広告提供料金も文字どおりプレミアな高さなのであった。

飛松氏にも、セールス成功の報酬として、テレビ局から往復の旅費と宿泊費がついた〝ヨーロッパ出張〟がプレゼントされた。日程は1週間、その間にやることといえば、現地でワールドカップの試合を観戦するだけ。事実上の観光旅行だった。上司たちも〝仕事のできる〟飛松氏に優しい。

「よく売ったぞ。おまえの手柄なんだから、胸張ってむこうで試合観てこい」

飛松氏は会社に定型の海外出張申請書を提出した。さらに1週間の出張の直後に、1週間の休暇申請を付け加えた。

そして、正式に会社へ提出したものとは別に「2週間の海外出張」というニセの出張申請書を作った。妻に〝提出〟するためのものだった。

会社は、飛松氏の1週間の業務出張と直後の1週間の休暇を認めた。妻も疑うことなく「2週間の海外出張」に夫を送り出した。

観戦旅行をプレゼント たとえば、毎年4月にアメリカのジョージア州で開催される、プロゴルフのマスターズ・トーナメントの会場のひとつオーガスタ・ナショナル・ゴルフ・クラブでの大会観戦ツアーや、ハワイのソニー・オープン・ゴルフ大会観戦などがプレゼントされた。

時を同じくして、営業局総務課の女性派遣社員*が、飛松氏の1週間の休暇時期とぴったり同じ日程で休暇を取得していた。

ワールドカップが華々しく開幕した。日本が初出場したこともあり、国内でのサッカー人気も沸騰した。

ある日、強豪国同士の対決をテレビ観戦していた私の目に驚くべき光景が飛び込んできた。

カメラが捉えたのは、互いに耳元でささやき合いキスをしながら試合を観戦する2人の日本人。そう、飛松氏と総務課の女性派遣社員だった。この仲睦まじい光景は、地元放送局のカメラマンにとって、激しい試合の箸休めにもってこいだったのだろう。

ほんの数秒、その光景は私の記憶に焼き付いた。そのシーンはサッカーの試合よりもはるかに私を興奮させた。

「これ、どうなるんだ……」私は、心の中にどす黒い笑いが染み渡っていくのを感じた。湧きあがる暗い喜びに、自分自身のことが怖くなったほどである。

総務課の女性派遣社員
私の見るところ、この当時、電通の女性派遣社員は2つの基準で選ばれた。9割は「顔」、残りの1割は「地頭の良さ」である。また、彼女たちの中には、電通、博報堂、ADKを転々と渡り歩きながら、「婚活」に精を出す者もいた。私の後輩のひとりは実際に女性派遣社員と「できちゃった婚」をした。子どもを3人ももうけ、20年ほど経った今でも幸せそうだ。

日本中が注目しているワールドカップである。私ばかりではなく、きっと多くの電通の同僚たちも見ているであろう。知らないのは、現地にいた2人だけなのだ。

1週間後、2人は無事に帰国した。営業局全体が大騒ぎとなっていることも知らずに。

どういうルートをたどったのか、この話は飛松氏の妻にまでもしっかりと届いていたようだ。「飛松氏の奥さんも激怒している」そんな噂が社内を駆けめぐった。

1カ月後、飛松氏の結婚生活は崩壊した。飛松氏の妻は、資産家の娘だった。彼は逆玉の輿生活を自らの手で破壊してしまったのだ。

総務課の女性派遣社員も、契約切れを待たずして電通を去った。電通が辞めさせたのか、本人が辞めたのかはわからない。

しかし、当の飛松氏は、なんのお咎めもなく、その後も出社していた。

離婚の報を知って、数日経ったころ、いつもと変わらぬ明るい彼の姿があった。上司たちもそれまでと変わらず「おぼえめでたい」飛松氏に接していた。あんな

営業局長にまで出世
私見だが、優秀な営業社員ほど、クライアントに対して面従腹背（めんじゅうふくはい）する。最初はクライアントに土

ことなどなかったかのように。

私は飛松氏の姿を見るたびに訝《いぶか》った。

「先輩はこんなことになって悲しくはないのか？　反省はしていないのか？」

飛松氏のいきいきとした笑顔のどこにも影は見当たらなかった。後輩への容赦のなさも、それまでと変わらなかった。

その後、飛松氏は再婚し、新しい妻とのあいだに子どもをもうけ、最終的には営業局長にまで出世*した。

不倫の代償を支払ったのは女性ばかりだった。世の中は、じつに不公平なのだ。

某月某日　ネット通販の雄：あなたは誰の代理人ですか？

テレビをつければ、どこもかしこも通販番組が花盛りだ。ある程度の年齢の方ならご存じだろうが、30年前、このような光景はありえなかった。

通販事業は、インターネット時代になって、参入障壁が極端に低くなった産業

下座していても、時間が経過し、あるメディアから離れられなくなったとき、広告代理店の営業は土下座をやめる。広告代理店の営業マンはクライアントに忠実でありさえすれば出世できるわけではなく、逆にメディアに忠実なだけで出世できるとも限らない（出世できなかった私が言うのもおかしな話だが）。

分野である。ある程度の資本力があれば、数カ月後には通販番組を持つことができる。とくにテレビの通販番組は作りやすい。作り方が単純だからだ。テレビの深夜や早朝の枠を買って、商品を揃えて、タレントを出演させ、こう連呼させる。

「うそ〜！」「安〜い！」「信じられな〜い！」「欲し〜い！」

その先駆者が、通販業界大手のJ社*である。

J社は創業者である宝田社長*の独特のキャラクターで名を知られることになる。九州でカメラ店を営んでいた宝田社長がある日、地元のラジオ番組に出演して、独特の甲高い声でビデオカメラの紹介をした。

「これで、お孫さんの可愛い姿を、永遠に記録しておくことができるんで〜す！」

たちまち顧客から店に直接ビデオカメラの注文電話が殺到した。これに着想を得て、宝田社長はラジオショッピング事業を本格的に開始する。

九州地方のラジオ局でのラジオショッピングを皮切りに、全国の地方局のラジオショッピング、ついでその地方のテレビショッピングにも進出し、業績を順調に伸ばす。ただ、この時点で宝田社長は社業の行き詰まりを感じる。どう足掻い

J社
J社は通販ゆえ店舗を持たず、そのための土地・建て物や店員を抱えなくていい。物流も自前で、2022年の売上げは2487億円にのぼり、今やプロスポーツの運営や地元・長崎の再開発にまで乗り出している。

宝田社長
宝田社長は、父親からのれん分けのかたちで株式会社を設立し、当初はカメラ店を営んでいた。地元で新興宗教の研修が行なわれると聞けば、撮影に出向き、徹夜で現像した写真を翌日のホテルの

ても東京へ進出できないのだ。

当時、東京のテレビのキー局やラジオ局では通販番組の放送ができなかった。なぜなら、東京のテレビ・ラジオ局は通販番組を低俗なもの、放送コンテンツとして相応《ふさわ》しくないものと捉えていたからである。

宝田社長は取引先でもあり、懇意にしていた家電メーカーの大物社長・井出氏に相談を持ちかけた。そして、その井出社長からの相談*が電通に持ち込まれたのであった。

私は所属していた営業局の局次長から呼び出しを受けた。

「福永、おまえ、Ｊ社の案件やっとけよ。Ｓ（家電メーカー）から正式に申し入れがあったんだ」

局次長は面倒くさそうにそう言った。

「井出さんから頼まれてっから仕方ねえ。まあ、頼むわ」

会社にとって重要な案件ではない。むしろお荷物を押し付けられたような口ぶりだった。こうして私は東京のキー局攻略の先兵になった。

私は、まず東京のラジオ局の攻略に着手した。ラジオ局なら、テレビのキー局

チェックアウトを控えた人たちに販売して大きく儲けた、とのちに本人が語っている。アイディアマンなのである。

井出社長からの相談
じつは井出社長は当初、自社の子会社の広告代理店にＪ社の通販番組枠の開拓をまかせたのだったが、これがうまくいかなかったため、電通に話が持ち込まれたという経緯があった。

ほど敷居が高くない。さらに東京のラジオ局での実績が、テレビのキー局を攻める際にも役立つと考えたからだ。「電通」の名は有効だった。ラジオ局でJ社の通販番組をスタートさせ、J社はまたたく間に年間で数億円規模のスポンサーとなった。

続いてのアプローチ先はテレビだった。こちらについても、私は日テレやTBS、フジテレビよりも攻略がしやすいテレビ東京に狙いを定めた。

電通のテレビ局担当を介してのテレビ東京との交渉の末、条件が示された。

「金曜日の深夜に週1回、15分枠、考査済み素材を放送。素材の持ち込みは放送日の1週間前までに行なう」

「考査済み素材」とは事前にテレビ東京側で放送内容（商品へのコメントなど）をチェック（考査）し、了承を得る必要があることを示す。それも放送1週間前までに提出せよ、というわけだ。テレビ東京による検閲体制であり、J社にとっては屈辱的な条件だった。

宝田社長にテレビ東京側の条件を伝えると、みるみる顔色が変わっていくのがわかった。

「ありえない。J社はこれまでローカル局で一度の放送事故も起こさず、生放送の実績を重ねてきました。この条件はあまりにひどいのではないでしょうか」

放送では甲高い声が特徴だが、ふだんは極めて物静かで穏やかな低い声で話す宝田社長の声が震えていた。

J社は通販番組をすべて自社制作していた。すでに自社スタジオ*を持ち、衛星回線で、日本全国のケーブルテレビへの配信網まで整備していた。宝田社長は生放送を重視していた。毎日のように新製品が出され、家電量販店での価格も目まぐるしく変わる家電製品は生き物だというのが持論だった。生き物を扱うのは臨機応変な対応が可能な生放送がベストだった。

「なんとか生放送でいきたい」

宝田社長の要求をテレビ東京側に伝えた。だが、テレビ東京はこの主張を認めなかった。あいだに電通を挟んで、J社とテレビ東京が擦った揉んだしているうちに放送開始日時が迫ってくる。

両社は、当面は考査済みの録画テープの持ち込みによる放送を行ない、半年後をめどに生放送化の検討を始めるというところで妥協した。

自社スタジオ
J社のテレビスタジオを見学した某放送局関係者はその充実ぶりに舌を巻いた。下手なローカル放送局よりも立派なデジタル放送のテレビスタジオだったのだ。

放送がスタートすると、テレ東は番組内容にNGを連発した。

「表現がおおげさすぎる」「エビデンスがない」「前回分までの放送から商品の価格が安くなっているので、その点をインサートしろ」、果てには「製品の価格が低すぎる」なんてものまであった。J社はその指示に従わざるをえなかった。

ある日、私は、九州にあるJ社本社内の放送スタジオで、通販番組の収録に立ち会っていた。宝田社長はいつもどおりの甲高い声でまくし立てていた。収録が終わり、スタジオの奥から宝田社長が私を手招きした。

「福永君、エージェンシーというのは、誰の代理人のことですか?」

私はその意味を捉えかねて聞き返した。「どういうことでしょうか?」

「つまり、電通のあなたは、テレビ局側の代理人なのですか。それともわが社の代理人なのですか」

頭を金づちで殴られたような衝撃を受けた。私は誰の代理人なのか。

代理店の営業は、クライアントには「あなたが神さま」だし、メディアには「あなたの味方」である。臨機応変に立場を転じながら仕事をこなす。百戦錬磨の宝田社長はそれを見透かし、釘を刺したのだ。宝田社長はそれ以上、何も言わなかった。

こうしてスタートした通販番組だったが、回を重ねるごとに、J社とテレ東、そしてエージェンシーである電通とのあいだに信頼関係が醸成されていった。そして、半年後、当初の約束どおり、宝田社長悲願の生放送が実現する。

生放送の開始からしばらくしたある日、テレビ東京*の営業部長の古河氏が私に面会を求めてきた。彼は、型破りな営業手法で鳴らしていた。

「今、うちの深夜でやっているJ社さんの通販番組を平日の午前中でやってみたいんだ」

当時、通販番組は深夜と決まっていて、珍しい提案だった。

「じつは4月から平日の午前中に、うち始まって以来のワイドショーをやることになったんだが、セールスを始めて3カ月も経つのに、スポンサーのメドが立たなくて。だから、番組の中で通販をやっちゃおうって」

テレビ東京が始めるワイドショーが他局に勝てるわけがないと考えたスポンサー各社は番組へのCMを躊躇しているというわけだ。とはいえ、ワイドショー

テレビ東京
テレビ東京は格下の民放と扱われ、長年蔑（さげす）まれてきたためか、私が接した限り、社員の態度が非常に謙虚である。この点では高慢&高圧的だったフジテレビと対照的である。テレビ東京は、クライアントの無料のパブ宣伝（パブリシティー）などに対しても寛容かつ協力的で私も世話になった。

の枠内で通販番組をやるなんて前代未聞である。

「背に腹は替えられない。30分枠を月曜から木曜まで通しで、月額×千万円で売れないか?」

古河氏からの提案を聞きつつ、私は宝田社長はこの話に乗るだろうと思った。宝田社長は自社のコンテンツに絶対の自信を持っていた。日本最大の購買層を抱える関東圏に平日の昼間にアプローチできる。

私はJ社の本社で、宝田社長に持ちかけた。

「いいでしょう。その代わり、条件があります」

宝田社長の条件とは、J社と電通のあいだに、S社が関与する広告代理店を介在させ、コミッションを受け取らせることだった。つまり、手助けをしてくれたS社の井出社長への恩返しを条件にしたのだ。義理と人情を重んじる宝田社長らしい要求だった。

私はすぐさま携帯電話で営業部長と営業局長の了解を得た。

ここに史上初めて、関東キー局の平日午前中に通販番組が誕生したのである。

東京での放送枠を獲得したJ社の売上げ高は、急速に伸長した。それにともない、電通のJ社の売上げ高はテレビとラジオだけで年間40億円を超えた。

宝田社長は賭けに勝った。今、通販番組のないキー局はなくなった。宝田社長が時代を変えたのだった。

某月某日　**貧乏人の倅**：広告代理店を志したワケ

幼いころの思い出として浮かぶのは、宮本輝の小説、そしてその同名映画「泥の河」の光景である。主人公の2人の少年のうちのひとりの家はうどん屋で、店舗を兼ねた家は濁った大きな川沿いの土手に建っていた。

雪深い地方の田舎で生活用品を扱う商店を営む両親*のもとに私は生まれた。私たちの住む、4畳半と6畳間二間と店舗を兼ねた借家は小さな川沿いにあり、その小川で人々は野菜を洗い、洗濯をした。生活は貧しかった。借家に風呂はなく、3日に一度家族で銭湯に行き、夏場はタライで一家全員が行水した。私は幼いころから自分の家がまわりよりも貧しいことを自覚していた。この「自分は貧乏人

両親
両親はともに中学校を卒業したあと、丁稚奉公（でっちぼうこう）に出されたという。生活用品店は、電球をはじめさまざまな消耗品を扱い、郵便局や市役所などが得意先であった。

の倅《せがれ》だ」という自意識は、その後の私の人生に抜き差しならない影を映し出したように思う。

必死で働き、節約して金を貯めた両親は、私が小学生の高学年になったころ、借家の近所に小さな2階建ての自宅を新築した。堅実さを持った人たちだったのである。

地元の高校を卒業した私は、東京の国立大学に進学した。父は、私が地元の国立大学に行くことを望んでいたが、私には田舎の大学に行くつもりは1ミリもなかった。長い冬のあいだじゅう雪に閉ざされる田舎を一刻も早く出たかったのだ。

私は上京すると、築40年の木造アパートに住み着いた。風呂なし、和式共同トイレ、*窓からは隙間風が吹き込んだ。親からの仕送りは期待できなかったため、日本育英会の貸与型の奨学金*と、別の奨学財団からの給付型の奨学金を受けた。

大学の4年間、体育会系の水泳部に属していた私はほぼ毎日プールの中ですごしていた。それと同時に、大学2年生から、外務省系外郭団体の、ある財団法人でアルバイトをしていた。

財団法人が行なっていたのは、経済界から資金を集めて、日本の文化や社会の

和式共同トイレ
それでも水洗トイレで、私の故郷でよく見た「汲み取り式」ではなかったことに感動した。

貸与型の奨学金
社会人になってから、返済するのに10年以上かかった。だが、この2つの奨学金がなければ、私の学生生活は成り立たなかったであろう。

情報を広く海外に広報する事業だった。その事務局長である岡留氏は、政財界に多くの人脈を持ち、小さな広告代理店も経営していた。間近で見る広告代理店業のダイナミズムに私は魅了された。

周囲が活動を始めた時期よりもかなり遅くなったものの、私は広告代理店を目指して就職活動をスタートし、あれよあれよというまに電通から内定を得た。*

電通に就職が決まったことを伝えると、岡留氏は真面目な顔でこう言った。

「自分の大きさと電通の看板の大きさを同じだと思わないように」

そんな忠告はされなくても大丈夫。そんなふうに自信満々に思っていた。大切な忠告ほど、思い出さなければならないときに思い出せない。そんなことを知るのは、もっとずっとあとの話になる。

電通から内定を得た
私は、博報堂などほかの広告代理店を受けなかった。なぜなら、電通からの内定通知があまりにも早かったからである。電通の一次面接を終えて、私は水泳部の夏合宿に参加していた（４年生はみな引退していたのに私だけは参加した）。宿から電話を取り次がれ、受話器を取ると、「電通の人事局です。福永さんに内定を出します」と告げられた。なぜその時期になんのコネもない私が内定をもらえたのか、いまだに謎である。

第2章

電通マンの修業時代

某月某日 内定者パーティー：「ねえねえ、僕と一緒に来ない？」

10月1日、内定式が行なわれた。式は某ホテルで挙行され、参加した内定者たちはそのまま宴会場の内定者パーティーへと流れた。電通から内定*をもらった学生たちは、私を筆頭にみなある種の高揚感の中にあった。同期入社の学生たちは丸いテーブルを囲んで座り、初めて顔を合わせるわれわれはまずは簡単な自己紹介を始めた。

「清宮と申します。東大の経済学部出身です」

「鴨志田です。アタシはお茶の水女子大学で、学生時代はイベントコンパニオンをやってました」

「下柳と言います。僕は慶応です」

その場の雰囲気に気押された私は、出身大学を言うことさえ憚《はばか》られた。

だが、同年代の学生たちは数分もするうちに、だんだんと打ち解け始めた。

電通から内定
このころの電通の採用面接は、突拍子ない質問が飛んでくることで有名だった。実際に私の同僚の中には「最近観た映画で感動したのは？」とか「スタンリー・キューブリックについてどう思う？」、さらに「最後にセックスしたのはいつ？」と聞かれた者がいた。私が覚えているのは「今読んでいる本は？」。なんと答えたのかは思い出せない。

「アタシ、本当はアナウンサーになりたかったんだけど、キー局はみんな落ちちゃって。それで仕方なく電通に来ました」

「僕は幼稚舎からずっと慶応だけど、慶応なんて行くもんじゃないよ」

テーブルは和気あいあいとした雰囲気に盛りあがった。

「でも、俺さ、本当になんのコネもなかったんだぜ。それでも内定もらったんだ」

私がそう言うと、一瞬にして、その場の雰囲気が凍りついた。

そのテーブル席についていた学生たちの、私以外のほとんどが何かしらのコネを持って内定を得ていたと知ったのは、入社してからだった。

コンピュータメーカー会長の甥っ子、有名百貨店の広告担当役員の息子、新聞社の役員の息子、テレビ局の有名プロデューサーの息子、大手出版社の有名雑誌編集長の息子、衆議院議員の息子……じつに多彩なコネだった*。

「ねえねえ、君たち、僕と一緒に来ない？　これから行くホテルの部屋に女の子たちを呼んであるんだよ〜ん」

多彩なコネ
私が入社したころは、短大卒の女性も多数採用されていた。彼女たちはいわゆるお嬢さまばかりで、もれなく全員がコネ入社であった。数年後から、電通は短大卒の採用を徐々に減らしていき、それをゼロにしたかわりに、4年制大学卒の女性の採用人数を増やしていった。

内定者パーティーが終わったタイミングで、長身の本関君がその場にいた数名の内定者に声をかけた。酔っぱらってふざけた口調だった。

彼は大手電機メーカー・N社のドンの息子で、そのことは私を含めその場にいる全員が認識していた。彼もまた〝強力なコネ〟で電通に入社したに違いない。

本関君が指定したのは都内の高級ホテルのスイートルームだった。内定者同士で顔を見合わせ、うなずき合った。20代前半の好奇心は抑えることができず、われわれは本関君のあとにしたがい、そのままホテルのスイートルームに向かった。

部屋に入り30分ほどすると、ドアがノックされた。酔って興味半分で待っていた私たちの前に姿を現したのは、濃い化粧をして、派手なボディコンシャスのミニのワンピースに身を包んだ3人の女性だった。本関君が手慣れた様子で彼女たちをエスコートし、笑顔で部屋に迎え入れた。きつい香水の匂いがした。

「すまん、ちょっと用事を思い出した。悪いけど、俺はもう帰る」

そう言って、部屋を出て、逃げるように帰宅した。本関君は女性たちとの会話に夢中で、私が部屋を出たことにも気づかなかったかもしれない。

じつは私はそのときまだ童貞だった。このあと部屋で何が展開されるかはわからなかったが、万一にもこのような場で自分の操《みさお》を喪うことが怖かった。女性たちは、映画で見た「ヨーロッパの娼婦」のような佇まいだったのだ。

残ったほかの内定者たちと彼女らが、その後どうなったのか、私は聞かずじまいになった。

これが電通なのか。私は、大人の世界に一歩足を踏み入れた気がした。

某月某日　新入社員研修：「ニュースステーション」の裏側

朝6時、独身寮のベッド脇の目覚まし時計が鳴り響く。寮の大浴場でシャワーを浴びると、買い揃えたばかりの安手のスーツに袖を通し、会社に向かう。* 4月から「新入社員研修」がスタートした。

今日の集合場所は築地の貸しビルだ。* われわれ研修生たちが指定の9時少し前に会議室に入って待っていると、研修班のリーダーが講師をともなって入ってくる。

会社に向かう
同期の変わり者（彼はのちに、ロシアの宇宙船ソユーズの中で撮影した、日清カップヌードルのCMを企画する）が運転するサーブに同乗して会社へ向かった。自動車通勤など禁止されていたにもかかわらず、どういうわけか彼はクルマを堂々と築地本社ビルの駐車場に停めていた。彼はこの数年後、制作プロダクションの女性と結婚して、永遠の憧れであった宇宙飛行士の格好をして披露宴に臨んだ。だが、ほどなく離婚。いろいろと仕事の早い男である。

築地の貸しビル
当時、電通は急速な発展と人員増によりオフィスが手狭になっていたため、築地本社の周囲のビルを数多く間借りしていた。

新入社員は10名程度の複数の研修班に分けられ、入社10年ほどの中堅社員がリーダー（班長）、入社5年ほどの若手社員がサブリーダー（副班長）という名の教育係となった。研修の半分ほどは、会社が用意した座学が中心のカリキュラムや、少人数での擬似プレゼン企画作りなどで、もう半分はリーダーとサブリーダーが考えた独自プログラムを行なう。それが電通の伝統だ。

コピーライター、デザイナー、イベントプロデューサー、テレビ・新聞などのメディア担当から営業まで、さまざまな職種のリーダーたちが、自分の得意分野を用いつつユニークな研修内容を企画する。たとえば、飛ぶ鳥を落とす勢いの売れっ子コピーライターを招き、CM制作の裏話をしてもらったり、人気女子アナウンサーが人気番組の舞台裏を話したりと、趣向を凝らした講義*が行なわれた。

リーダーには、新入社員研修用に多額の予算が与えられ、使い道は彼らに一任されていた。さらにリーダーたちの所属部署の長からも、多額のご祝儀が包まれた。昼食の弁当でさえ、ほんの数週間前まで学生だった私には豪華すぎるものだったし、夕食は飽きのこないローテーションで提供された。夕食後*にも、毎晩飲めや歌えやの大宴会、これが数週間も続くのだった。

趣向を凝らした講義
ある日、講師として招かれた大学教授が講義の最後に言った。「これまでいろんなところで講演をしてきましたが、本日の講義は今までで一番いいギャラをもらいました」

夕食後

もちろん遊んでばかりいたわけではない。私には今も記憶に残る座学がある。

その日、研修班のリーダーが連れてきたのは、テレビ朝日の編成マンと、電通のテレビ局の部長だった。

「今日は、テレ朝の『ニュースステーション』誕生の裏話をしていただく。お越しいただいたのは、テレビ朝日編成部の鬼頭さんと、電通テレビ局の坪井部長だ」

われわれ新入社員一同はどよめいた。

数年前にスタートした「ニュースステーション」はキャスターの久米宏が歯に衣着せぬコメントをつける異色の報道番組で、前代未聞の視聴率を叩き出していた。当時、夜の10時台にニュース番組を組むのは異例で、民放史上初の試みは大成功していたのだ。その誕生秘話が、立役者たちの口から聞ける。昨日までイチ視聴者として番組を観ていた私も〝業界人〟にくわわったような気分になっていた。

「『ニュースステーション』はわれわれが作ったんだよ」

5時半に研修を終えると、夜の部の研修が始まる。銀座にあった社員クラブを利用することもあれば、新橋や築地の居酒屋や、時にはイタリアンレストランなどで食事をした。ある金曜日、リーダーの命令で、われわれは赤坂の高級ホテルのスイートルームへ集められた。宴会のセッティングを終えたころ、チャイムが鳴り、10名ほどの女性がやってきた。サブリーダーがつい先日の合コンで知り合ったのだという。宴会後、彼女らのうち3人が「今晩、ここに泊まっていくわ」と言った。私たちは、彼女たちのためにベッドをあけ、自分たちはソファーに転がって寝た。しばらくすると部屋の数カ所でシーツにくるまった人影が蠢いていた。

電通のテレビ局部長は飄々とそう語った。電通は人気番組を生み出すことさえ可能なのか。私は衝撃を受けた。テレビ朝日の鬼頭さんが続けた。

「私たちは、プライム帯にバラエティ色のある新しいニュース番組の制作を探っていました。ただ、前例がないから、なかなか編成がOKを出さない。そこで、ここにいる坪井部長にご協力いただいたんです」

坪井部長は新入社員たちを見渡しながら、自信満々に語った。

「広告セールス面で、電通が全面的にバックアップを約束した。新番組『ニュースステーション』の放送枠について、スタートから1年間、月額放送料（電波料と制作費）の支払いを保証したんだ」

「坪井さんと一緒にうちの編成局長のところへ行って、電通さんが全部保証してくれると伝えました。編成局長もうなずかざるをえなかった。だって、おいしすぎる話だから」

新入社員のひとりが挙手して発言した。

「そんな保証をして、電通になんのトクがあるんでしょうか？」

「番組が成功するだろうことはわかっていた。そのうえで番組の広告枠のセール

提供枠に加えてテレ朝と系列局放送分のスポット枠

広告枠には「番組提供枠（タイムCM）」と「スポット枠（スポットCM）」がある。「番組提供枠」とは、特定の番組そのものを広告スポンサーとして提供すること。「スポット枠」は、広告主がフレキシブルにCMの放送期間や本数を決められる。「スポット枠」のほうが広告代理店が受け取るコミッションも割高となる。

電通が主導

スは、提供枠に加えてテレ朝と系列局放送分のスポット枠*も含めてすべて電通の独占とさせてもらう。これが電通が提示した条件だったんだ」坪井部長が解説した。

「ニュースステーション」は、電通が主導*して、テレビ朝日と番組制作会社とともに作った番組だった。聖域とされたニュース番組*に、広告代理店や制作会社が関わったのも初めてであれば、夜10時台に編成されたのも初めてだった。

詳しくは入社後しばらくしてから知ることになるのだが、「ニュースステーション」は週1曜日提供で、広告費は月額２５００～３０００万円にのぼった。大手クライアントから好まれ、なかなか脱落するスポンサーがいないため、新規スポンサーは３年待ちともいわれた。実際に私も担当クライアントから、「ニュースステーション」の提供枠をとってくれと懇願されたこともある。

テレビ朝日ネットワークと電通の双方は、それまでになかったほどの膨大な利益を得ることに成功した。この番組こそ、「番組買い切り」のはしりである。

同様の仕組みで、広告枠の独占的販売が行なわれる番組はほかにもある。たとえばオリンピックやサッカーワールドカップの放送や配信にまつわるビジネスが

２００４年３月26日、「ニュースステーション」の最終回となった放送で、久米宏はこうあいさつした。「『ニュースステーション』まもなく終了するんですが、大勢の方に御礼を申しあげなければいけません。まず、この場を提供してくださったテレビ朝日、それから代理店の電通、さらには莫大な資金を提供してくださった関係スポンサーの皆さま……」。テレビ朝日、スポンサーと並んで電通に謝意を示したのだった。

聖域とされたニュース番組
制作を外部のプロダクションに発注することが常識となっていた民放テレビ局にあっても報道番組は聖域で、ごく一部を除いて番組制作が外部に委託されることがなかった。

それだ。業界用語で言うところの、スポーツビジネスとテレビ放送ビジネスの〝往復ビンタ〟スキーム*である。

私たちの目の前に立つ、どこにでもいそうな2人の中年男性。この2人が「ニュースステーション」の生みの親なのか。私はもう電通の威力に魅了されていた。早くもワクワクする興奮状態に包まれていたのだった。

某月某日 **配属辞令**：せっかく電通に入ったのに…

1カ月に及ぶ新入社員研修が終わり、いよいよ配属の辞令が下される日がやってきた。新入社員一同と、リーダー、サブリーダーたちが大会議室に一堂に会していた。

新入社員たちの配属先の一番人気はコピーライターやCMプランナーになる「クリエーティブ局」*だった。放送局に出入りする「テレビ局」とか、イベントなどを仕切る「セールスプロモーション（SP）局」（当時の名称）なども人気

〝往復ビンタ〟スキーム
スポーツコンテンツの放送権を（たとえばサッカーW杯なら）FIFAなどから電通が購入し、それをテレビ局に売る（往ビンタ）。その際、その放送の広告枠も電通がすべて買い切り、独占的にスポンサーに売ってコミッションを得る（復ビンタ）。「往って」（放送権のセールス）＆「来い」（放送における広告枠のセールス）で儲けるのだ。

クリエーティブ局
実際には、アナウンサーと同じように電通が学生

だった。

逆に、人事局や総務局といった内勤局は不人気だった。それはそうだろう。業界人を夢見て入社してきた若者にとって、そうした部署は「電通じゃなくてもできる仕事」なのだ。

研修期間中に親しくなった同僚は受け取った辞令を手にあからさまに落胆していた。

「福永ぁ～、俺、せっかく電通に入ったのに、『情報システム室』勤務だってよ。いったい何する部署なんだろうなあ～」

辞令をひらひらさせながらそう愚痴った。

ほかにも「殺生な！」*と叫んだ同僚もいた。聞くところによると、彼は名古屋にある「中部支社　第1営業局勤務」だという。当時、「中部支社」に配属されると、必ずトヨタ自動車の担当となり、一生東京に戻ってこられないなどとまことしやかにささやかれていた。

この時代は大学の成績表も会社に提出させられており、理系で論理的思考が得意そうな者たちは、マーケティング戦略を企画する「マーケティング局」*へ、体

たちを選抜し、「クリエイティブ塾」のようなものを運営し、才能がある者はそこで青田買いされ、クリエーティブ局に配属となった。ぽっと出でクリエーティブ局に配属になるケースは稀であった。

「殺生な！」
「関西支社　クリエーティブ局勤務を命ずる」という辞令が下され、その場で泣き崩れた女性もいる。付き合っていた恋人がいて、彼は東京勤務だったのだ。

マーケティング局
メーカーの商品やサービスの市場価値を分析しながら、あるべきコンセプト、目指すべきポジショニングや小売り価格、ターゲットを設定したりする頭脳的部署。消費者に対するアンケート調査なども実施する。

力だけが取り柄と言わんばかりの体育会系は「SP局」などに配属されていった。私はといえば、「第12営業局」という辞令を受けた。聞いたことのない部署であった。

私が入社したこの年、電通は新入社員の配属である試みを行なった。15ほどあった営業局に、新入社員を2名ずつ配属したのだ。それまで新入社員たちはまず「テレビ局」や「新聞局」などのメディア担当や、「マーケティング局」「SP局」などの内勤組織に配属され、2年ほど仕事を覚えたのち、営業の第一線である営業局に配転になるのが慣例だった。いきなりクライアントと直接相対しない部署で仕事に慣れさせるという配慮である。ところが、「OJT（オン・ザ・ジョブ・トレーニング）制度を導入する」というかけ声*のもと、この年から私を含む30人ほどの新入社員がそのまま営業局に配属になったのである。

私を迎えてくれたのは、刻まれたシワと鋭い眼光がヤクザのような迫力を醸す茂木部長だった。営業局の中には、営業部が存在し、各営業部には部長の苗字が部の名前に冠されていた。田中部長なら「田中部」だし、佐々木部長なら「佐々木部」といった具合である。私たちの部長は茂木さんだから「茂木部」と呼ばれ

「OJT制度を導入する」というかけ声
電通の人事制度や組織運営は、良く言えば「フレキシブル」、悪く言えば「行き当たりばったり」である。組織の改編もよくあるし、組織名も頻繁にいじる。このときも、やることのない人事部門が存在意義を示すだけの

た。なお、電通には「係長」「課長」という役職はなく（各局にある「総務課」は除く）、一番最初の管理職位が「部長」となる。

じつは「第12営業局*」は、この2年前、「今まで電通が扱ってこなかった新しい産業分野のクライアントを開発する」という目的のもと新設された営業局であった。お題目は立派なものの、営業局員たちは前年まで総務局や人事局、経理局などから追い出された寄せ集め集団だった。海のものとも山のものともわからぬ新設営業局に、他部署が優秀な人材を出すはずがなかったのである。

ヤクザのような茂木部長は、隣席の八代さんに私の教育係を命じた。東大柔道部の出身、「（電通の社内部署）テレビ局」から横滑りしてきた八代先輩は、野太い体躯からは想像できないほど神経質で、ピンピンに削ったエンピツを机の左側に5本揃え、隣にある私の机から1ミリたりとももものがはみ出すことを許さなかった。私はこの八代先輩に徹底的に鍛え上げられていくことになる。

施策などと揶揄されていた。

第12営業局
この第12営業局はこの翌年に解散する。結論から言えば、目的とした「新規産業開拓」にまったく成果が出なかったのだ。

某月某日　**雑巾がけ**：オフィスの不思議な光景

会社の始業時間は朝の9時半だったが、独身寮を7時には出発して、毎朝8時半には出社する。出社すると、まずは各社員の机に置かれた灰皿の中身を捨て、社員全員の机の雑巾がけから1日が始まる。

ものすごい量のシケモクと灰だ*。それから、営業局の入口に届いている新聞を、各部署に配り終えるころ、先輩社員たちがぼちぼち出社してくる。9時半前には、電話に出るために受話器を取れる体勢になっている必要があった。新入社員には誰よりも早く電話に出ることが求められていた。朝一の電話で重要なのは、先輩社員たちへの対応である。

「ああ、俺、今日立ち寄り、11時出社」

「俺、午前半休な」

次々にかかってくる電話を聞き取り、ホワイトボードに先輩たちの当日の予定

ものすごい量のシケモクと灰
今では考えられないが、先輩たちはいったい何本のタバコを吸うのかと思うくらい、猛烈にタバコを吸っていた。灰皿はあっというまにいっぱいになるし、部屋中に紫色の煙が充満している。みな、よく死ななかったものである。

を書き込んでいく。

配属初日、「立ち寄りで遅れる」と言う先輩に「どちらにお立ち寄りでしょうか？」と聞き、即座に怒鳴られた。「得意先に決まってんだろうが！」

先輩たちの〝得意先〟は、前日の酔いを覚ますためのベッドだったり、コーヒーのうまい喫茶店だったりするのだ。

午前11時すぎになると、出社してきた先輩たちと私は、営業部ごとにまとまり、会社を出て、近所の喫茶店*へ行く。そこでコーヒーを飲みながら、茂木部長を囲み、業務連絡や業務報告をするのである。そのコミュニケーションは、その日の仕事を左右する重要なものであり、たっぷりと昼近くまで喫茶店ですごすこともあった。いわゆる「朝部会」と称する会議だ。

「〝得意*〟の宣伝課長が、先週末の接待ゴルフでホールインワンを出しまして」

「じゃあ、ホールインワン賞の賞品の手配をしてやれ。10万円の交際費を切れ」

「X社の宣伝担当役員の奥さんが宝塚を観に行きたいと言ってるんですけど」

「よしっ、俺が関西支社の阪急担当の部長に頼んどいてやる」

「Q社の宣伝部員のお母さまが昨日、お亡くなりになりました」

近所の喫茶店
オフィスが手狭で会議室も足りなかった。携帯電話もなかったから、喫茶店にいれば、クライアントや上司からうるさい連絡が来ることもないのだった。

得意
「お得意さま」のこと。電通内ではお得意さま＝クライアントを「得意」と呼んだ。

「なに〜！　早く言えよ。すぐ葬式の一切*を仕切る準備をしろ。葬儀社にも、電通が仕切らせてもらうと言っておけ。手ぇ抜くんじゃねえぞ」

「亡くなったといえば、Y社の宣伝部長のかわいがっていた猫が死んだそうです」

「そうか、この前〝得意〟の家で蕎麦打ちしたとき、その猫ちゃんの写真撮ったよな？　あれ、額縁に入れて届けてやれ」

「先週の金曜日、Z社の常務が会社のエレベーター内で脱糞《だっぷん》したらしいです」

「うむ、あの人も昔は飲まなかったんだが、新橋の飲み屋のママの虜《とりこ》になってから酒浸りで、結局離婚までしたからなあ。災難が続くな」……。

昼前に席に戻ると、「ようやっと二日酔いが覚めた」と、先輩たちは築地場外市場の定食屋などに繰り出す。戻ってくるころには午後1時をすぎている。新人の私は「この人たちは、いったい、いつ、どのように仕事をしているのだろう？」と訝しんだものだ。

パソコンはまだない。ワープロが数台配備されるのが数年後で、パソコンの支給はそのまた先であった。新入社員の仕事として、企画書のガリ版清書があった。

葬式の一切
クライアントやメディア関係者の葬儀は電通が仕切る。最寄り駅から電通の若手社員が数十人で提灯を持って参列者を案内し、受付、香典の管理、香典返し、会場整理から、精進落としの料理や酒の出し入れの手伝いまでなんでもやる。手伝われたほうはもう電通を無下にはできなくなってしまう。

先輩が藁半紙《わらばんし》にエンピツで書いた企画書を清書を兼ねてガリ版にガリガリ綴っていくのである。

ほかにも手書き請求書の作成の仕事がある。当時、請求書は正・複・写の３枚綴りの専用用紙に、カーボンコピーが仕込んであり、それに手書きで書く。それは新入社員の役目なのだった。その量たるや半端ではない。月末になると、毎晩何百枚もの請求書を丁寧に書かなければならない。月末の最終日の前日は毎月、徹夜*になるのであった。

営業局のオフィスに不思議な光景があった。当時、プッシュホン式の電話が普及し始めていたが、オフィスにあるのはダイヤル式の黒電話だけだった。

配属の初日、私はそのわけを知ることになった。日中、営業局のオフィスでは、あちらこちらで電話のベルと怒号が鳴り響いていた。

「ばかやろー！」

「ふざけんじゃねえ！」

「今から、そっちへいくから待ってろ！」

毎月、徹夜
こうして月末に一気に仕上げられる請求書だが、正しく書けていて当たり前なので先輩たちはチェックさえしない。翌日以降、金額が1ケタ大きいとか、件名が違うといったミスが頻発し、クライアントからクレームが来ることも。

そして、先輩社員たちはひときわ大きな声で「覚えてろよ！」と捨て台詞を吐き、手に持った受話器を思いきり電話台に叩きつける。先輩社員たちは誰も彼もそうしているのだ。黒電話は、叩きつけられても壊れないほど丈夫だったので重宝されていたのだ。

職場は戦場*だった。毎日3〜4時間の睡眠で疲労困憊となり、会議中に船を漕いでしまったことがある。「何やってんだ、おまえ！」ネクタイを掴まれ、顎の上にぎゅっと持ち上げられる。

また別の日には、ガリ版の企画書に誤字脱字が発見され、

「てめえ、ふざけるんじゃねえ！　今日徹夜してでも、明日の朝一までに全部見直して修正しておけ！」

ガリ版印刷したばかりの企画書の束が私の顔を目がけて放り投げられ、私の眼鏡が床に落ちる。

「缶コーヒー買ってこい」「タバコ買ってこい」は当たり前、「コンドーム買ってこい」なんてのもあった。われわれ新入社員は雑用係でもあるのだ。あるとき、先輩からこう言われたこともある。

職場は戦場
一般にも知られた電通の心得に「鬼十則」がある。
一、仕事は自ら「創る」べきで、与えられるべきでない。
二、仕事とは、先手先手と「働き掛け」で行うことで、受け身でやるものではない。
三、「大きな仕事」と取り組め、小さな仕事は己を小さくする。
四、「難しい仕事」を狙え、そしてこれを成し遂げる所に進歩がある。
五、取り組んだら「放すな」。殺されても放すな。目的完遂までは。
六、周囲を「引きずり回せ」。引きずるのと引き

「ペットショップが築地と銀座にないから、新橋まで行ってドッグフード買ってきてくんねーかな。金は立て替えておいてくれ。そんで領収書も忘れずにな！」

某月某日　タクシーチケット：先輩の仕事術

私の教育係、東大法学部卒業・体育会系柔道部ＯＢの八代さんは30を少し超えたくらいで、まだ管理職にもなっていなかった。午後4時、八代さんが隣の席の私に顔を向けて、書類の束を放り投げた。

「これやっておけよ。明日の朝までだ」

仕事を指示されるのはよくあることだった。午後5時半をすぎたところで再び八代さんから声がかかった。

「おい、出かけるぞ！」

「いえ、まだ仕事が残っているのですが、どこへ行くのでしょうか？」

「いいから来い。仕事はあとでいいだろ」

ずられるのとでは、永い間に天地のひらきが出来る。

七、「計画」を持て。長期の計画を持っていれば、忍耐と工夫と、そして正しい努力と希望が生まれる。

八、「自信」を持て。自信がないから君の仕事には、迫力も粘りも、そして厚味すらがない。

九、頭は常に「全回転」。八方に気を配って、一部の隙もあってはならぬ。サービスとはそのようなものだ。

十、「摩擦を怖れるな」。摩擦は進歩の母、積極の肥料だ。でないと君は卑屈、未練になる。

これは「Ｄｅｎｎｏｔｅ」と呼ばれる社員手帳の冒頭に印刷されていたのだが、前述の過労自殺についての最高裁判決の影響などもあり、ある年から削除された。

そう言い切ると、八代さんは炭火焼肉店へ向かった。そこで焼肉をたらふく食べると、タクシーで銀座の高級クラブに行く。銀座のクラブは午前0時には閉まるから、それ以降は「アフター」と称して、ホステスを2人連れて、高級個室カラオケへ向かう。八代さんは同伴したホステスのために高級中華を出前して食べさせ、さんざん歌った。会社での顔とは打って変わって、ホステスにデレデレと甘えた。

「アフター」は朝の4時にお開きとなった。空が白みかけたころ、八代さんは閑散とした銀座の路上でホステス2人にタクシー券を渡して見送ると、私にも「ほら」とタクシー券をくれた。* ここまでのすべての支払いを八代さんはクレジットカードで行ない、領収書をもらった。クライアントも同席しない、こんな用途で野放図に交際費を使えるのか、私は不思議に思った。

翌日、朝9時半に席に着くと、隣の席にはすでに八代さんがいた。二日酔いの私にくらべ、体調は良好なようである。

「福永、昨日の宿題、終わったか？」

「いえ、まだです。先輩と一緒に出かけておりましたので……」

タクシー券をくれた
電通のタクシー券には2種類ある。おもに営業職が使う「営業タクシー券」と、クリエイティブ制作やセールスプロモーションなどで使う「制作費タクシー券」だ。これらは色分けされていて、「営業タクシー券」か「制作費タクシー券」かがひと目でわかる。電通社員のタクシー券の使

「おまえ、ふざけんじゃねーぞ。あとでやれと言っただろ！」

八代さんは、私が会社に戻って仕事の続きをするようにタクシー券をくれたのだ。

そして、その日、夕方５時半、また八代さんが隣のデスクから顔を出す。

「おい、そろそろ行くぞ！」


金曜日の午後、八代さんと私はクライアントのところへ赴き、販促企画の打ち合わせを行なった。打ち合わせが終わるころ、クライアントの担当者が八代さんに尋ねた。

「では、この企画書はいつまでにアップしてもらえますか」

「月曜日の午後イチにお届けします」

私は驚いた。土日を潰したって、ぎりぎり間に合うかどうかの分量の仕事だ。

「先輩、大丈夫ですか？」私が心配になって確認すると、八代さんはこちらには目もくれず、クライアントと月曜日午後の打ち合わせ時間を決めている。

「本当に間に合いますか？」帰りのタクシー*で心配になってそう尋ねた私に対し

いっぷりを見たクライアントの社員の中には、公然とタクシー券を要求してくる人たちが出てくる。われわれ電通マンはそれに応える。結局のところ、タクシー券の原資のおおもとは彼らクライアントのお金なのだが。

帰りのタクシー
この当時、電通社員のクライアントへの行き帰りは、たとえ地下鉄でのアクセスが便利でも、たとえワンメーター以下の距離でも、たいていタクシー移動であった。今日では考えられないことである。

て、八代さんはこう言った。
「俺がやるって言って、できなかったことがあるか？」
果たして、企画書は予定を前倒しして完成し、クライアントの担当者へ手渡されたのである。

なぜ、八代さんはこんなに早く仕事ができるのだろうか。私もだんだんとその仕事術を習得していった。

八代さんは、社内や社外に優秀なスタッフを抱え込み、いつでも仕事を頼めるようにしてあった。八代さんはいつも5つくらいのプロジェクトを抱えており、それらを同時並行的にこなしていた。優秀なスタッフに仕事を割り振り、全面的に信頼して、とことんまかせ切った。

じつは優秀なスタッフを抱え込むことは非常に難しい。それは、彼らにつねに安定して仕事を発注できなければならない（それだけお金を融通しなければならない）し、突発的な発注にも対応できるよう、チームとしての体制を備えておかなければならないからである。「今、忙しいからできません」と言わせてはいけ

ギャラを保証する
内勤局の社員に、社内売上げに相当する金額を「設定」してあげる。つまり、ノルマを達成するよう助けてやるのである。つ仕事がない月でさえ、八代さんは売上げを計上する。その原資はマークアップ（水増し請求）に

ないのだ。「抱え込む」ためには、仕事がない月にも、それ相応のギャラを保証*するという意味である。

八代さんの口癖はこうだ。

「営業は前に出なくていい。プロデューサーに徹するんだ。つねにチームを鼓舞し、信頼し、使いまわして、短時間でクライアントを満足させる成果をあげろ」

「使い倒すのではなく、使いまわす」私は先輩の言葉を反芻《はんすう》した。

八代さんが行なうのは、ゴールの設定と進捗の確認だけだった。ゴールとは目標とする内容と守るべき期日のことだ。

八代さんは、必ず口頭で指示*を出した。書類を書く時間がもったいないからだ。たとえば、八代さんが、電通内のスタッフ2人（アンケート調査を設計するリサーチャーとイベントを企画実施するプロデューサー）に仕事を出すとする。2人は、八代さんから話を聞いて、2行程度のメモ書きをする。「目的」と「戦略」さえ定まれば、彼らの中では仕事の8割は達成できたというコンセンサスが形成されるのである。

営業は、ゴールを設定し、スタッフに対してのびのびと仕事ができる環境を整

よるものだ。広告代理店がクライアントに請求するコミッションには大きな幅がある。ある月に多めに請求しておいたものを保留しておき、売上げのない（厳しい）月には、営業が内勤局に売上げを「設定」するのだ。

口頭で指示
私が若いころの業務はほとんどが口頭によるものであった。たとえば、「下期、10月からワンクール（3カ月間）、『ニュースステーション』提供、月額2500万円で頼む」という高額なビジネス上の契約が、電話のやりとりだけで済んでしまう。電通社内だけではなく、電通社員とテレビ局の営業担当社員とのあいだでも同様だった。だから、ときどき「言った」「言わない」的な小競り合いが発生することもあった。

えて提供する。営業の差配が、チームのモチベーションを決める。

「クライアントの信頼を勝ち取って、予算を勝ち取ること。そして、自分のチームと目的を共有して、自由な発想で仕事ができる環境を提供すること。営業の仕事はそれだけだ。クライアントからまともな予算を引っ張ってこられない奴はスタッフからの信頼なんて得られない」

私は八代さんの仕事ぶりから、このことを教わったのだ。

某月某日 **とんでもない給料**：交際費はこう使え

現在では、インターネットで簡単にさまざまな業種の給与水準を調べることができる。それによれば、広告代理店よりも大手商社のほうがはるかに年収が高い。だが、そうした情報が正しいとは限らない。私の実感としては、電通の給与水準は、大手商社と同等かそれ以上だった。

私の初任給は、基本給が24万円ほどだったと記憶している。じつは電通の社員

の給与の高さを支えているのは、基本給ではなく、賞与と残業代だ。

賞与はといえば、私の新入社員時代、非管理職だと半期で基本給の約5カ月弱分が支給された。つまり、月給にくわえ、賞与が年間10カ月分だ。入社年度の12月、冬のボーナスをもらった私は、その中から両親に100万円を仕送りした。両親は腰を抜かしたが*、私の手元にはまだ30万円ほどが残っていた。

それに、残業代が、働いた時間分、青天井でついた。

私の新人時代も2024年現在も変わらないが、管理職未満の社員の残業代は、時給換算でおよそ3000円。東京の最低賃金のじつに3倍。夜10時以降の残業代は、その1・5倍の4500円ほどになる。当時の多くの平社員が、多いときで月100時間くらい残業するのだから、毎月の手取り金額は相当な額になる（2024年現在、変わったのは残業時間で、今日の電通の新入社員はほとんど残業しない）。

私の当時の実感では、テレビの東京キー局の制作や編成、全国紙の記者職の給与と肩を並べていた。

この給与水準は、バブル崩壊後も大きく下がることはなかった。年間の残業時

両親は腰を抜かした
ボーナスの額を伝え聞いた母方の祖父は「やっぱり電通ってのは半官半民だけあって給金がえらく高いのだな」と驚嘆したという。私が就職したのは「電電公社」だと勘違いしていたのだ。

間が800時間を超え、かつ査定が高いと、部長昇格直前くらいの年齢でも確定申告をする水準となっていた。

これにくわえ、出張手当*や宿泊手当も高額である。行きや帰りの移動だけで実質的な業務がなくても、その日の出張手当は支払われるし、安いホテルに泊まっても差額はそのまま社員のフトコロに入った。

さらに交際費がある。かつて電通の交際費はすごかった。無軌道だったと言ってもいい。

一緒に衛星放送のS社を担当していた土屋さんはとくに交際費の使い方が豪快だった。

「とにかく〝得意〟が第一だ」

大手商社から出向しているS社の若手社員が、夜の街で飲むことが大好きだということで、土屋さんは毎晩、その社員を誘って、西麻布へ繰り出した。イタリアンで食事し、そのままキャバクラへ流れる。銀座のクラブに行かないのは、そのキャバクラが終夜営業であったことと、現役の女子大生がアルバイトで勤務していて、「お持ち帰りの成功割合が高い」（商社から出向した若手社員・談）という

出張手当
現在、出張宿泊費は、大都市部とそれ以外の地域で差額がつけられているが、当時はおおらかだった。あるとき、私は札幌に2泊3日の出張をした。往路は飛行機での夕方現地着で、その日の業務はなく、翌日1日仕事をして、その晩関係者と会食し、3日目の朝に東京に戻った。このときの出張手当は、往復の飛行機代全額、宿泊したホテル代金（実際の宿泊費とは関係なく、領収書も不要）1泊あたり1万2000円（それよりも宿泊費が安ければ、差額は本人に支給）を2日分、1日あたりの出張手当が6000円を3日分1万8000円満額支給された。

ことであった。明け方まで騒いで帰りはタクシー。S社の社員には電通のタクシー券が渡された。

クライアント社員1人に土屋さんと私の計3人で、一晩13万円ほど。これが、すごいときには、月から金まで毎日続き、さらに土曜日はゴルフ（ゴルフ接待の経費化は、当時は部長以上が同伴する場合に限られていたので、費用は折半であったが）に出かける。

S社を相手とした交際費が嵩んでいたので*、土屋さんは先輩社員から、「人間関係は昼間に作れ」というもっともな忠告を受けていた。

そして、当時新婚の私は朝帰りをよく妻に咎められた。

明け方に家に帰ると、寝室から妻が起き出してくる。このときは私が何時に帰ろうが、それに気づけば妻は必ずリビングまで起きてきて声をかけてくれた。

「またこんな時間？　少し仕事をセーブできないの？」

「どうして？」

「顔色が土気色よ」

「まあ、週末にゆっくりすれば治るさ」

交際費が嵩んでいた
私は土屋さんの営業手法に懐疑的だった。こんな無計画な接待に効果があるわけがない。自分が会社のカネで遊びたいだけだろう。ところが、効果は抜群だった。その後、競合他社に持っていかれそうなS社関連の案件を、電通は受注することに成功した。土屋さんの手法に感心していた私だったが、しばらくあとにカラクリがわかる。同じ時間軸で、私たちの部長がS社の宣伝部長を銀座で接待し、私たちの営業局長がS社の専務を夜釣りで接待していた。S社関連の案件を電通が受注するのは当然だったのだ。

「今週末だって、土日連続でゴルフじゃないの。そのうち、体、壊すわ」

「そんなやわじゃないよ。1時間だけ寝たら会社行くから、起こしてくれよ」

妻は心配そうに見守ってくれたが、それが電通マンだと理解したのか、それ以上、私の働き方に強く意見することはなかった。


あまり知られていないが、電通には「戦略特別交際費」なるものが存在する（少なくとも1990年代までは存在した。なぜなら、私自身もそれをたっぷりと使っていたからだ）。売上げの実績に関係なく、戦略的に布石を打ち、将来的に取り込みたいクライアントのために特別に認められた交際費である。

外資系の飲料メーカー・C社を担当していた私の部長にも「戦略特別交際費」が認められていた。

当時、C社はワールドワイドの契約で、ブランド業務もメディア業務も、博報堂と米国マッキャンエリクソン社の日本での合弁会社「マッキャンエリクソン博報堂」の独擅場であった。電通は、C社のスポーツドリンクのブランド業務だけを細々と担当*していた（ライバルのポカリスエットに、広告予算面でも大きく水

細々と担当
私がC社のスポーツドリ

を開けられていた)。

そこで、営業部長はC社攻略のため、「戦略特別交際費」年間300万円の申請書を提出した。

最終的な決裁者である営業担当の常務に、営業部長が申請書を持参したときのこと。「よろしくお願いします」と頭を下げる部長に、常務は「成果は出せるのか？」とだけ言ったという。

部長が「頑張ります」と言うと、常務は「よし、わかった」と了承した。「戦略」的であらねばならないのに完全な精神論である。根拠が曖昧なままだが、担当常務はおもむろにボールペンを手にし、申請書の「3」の左側に、逆向きの「3」を付け加えたという。営業局に戻ってきた部長が喜色満面で話してくれた。

こうして年間800万円の「戦略特別交際費」申請書類が完成し、役員自らが決裁印を押すことになった。「半分は俺が使う」というのが決裁の条件だったのだ。私のいた営業部に、年間400万円の「戦略特別交際費」が認められた瞬間であった。

その交際費で、私はよく高級ステーキ店に連れて行ってもらった。

ンクAのブランド担当をしていたころのことである。ライバルのポカリスエットが年間30億円もの広告費を投入していたのに対して、Aの年間広告費は3億円程度であった。というのも、Aは日本生まれの日本独自ブランドであり、C社のアトランタ本社もAには冷淡だったのだ。広告費も少ないから売上げも伸びず、Aは負のスパイラルに陥っていた。ある年、広島で開催される「アジア競技大会」のスポンサー規約に公式ドリンクの認定がされていないことに気づいた私はC社に持ちかけた。「このままではポカリスエットに公式ドリンクの地位を奪われます」。〝恐怖のシナリオ〟に焦ったC社はすぐさま5億円で同大会の公式ドリンクの提供を行なうことに合意してくれたのだった。

1人2万円はくだらないステーキを頬張り、ワインを飲みながら、私は罪の意識を抱えていた。なぜなら、その場には攻略しなければならないはずのC社の人間は誰ひとりおらず、ステーキを食べていたのは、営業部長と先輩社員と私の3人だったのだ。

某月某日　結婚：「電通」というブランド

プールで泳いでばかりいたせいか、大学4年の秋になっても私は大学に提出する卒業論文を書きあぐねていた。テーマさえ定まっていなかったのである。

すでに電通からの内定は得ていたものの、卒論が書けずに卒業できなければ元も子もない。焦った私は、大学生たちがいろんなテーマを持ち寄って合宿形式で勉強会を催していた「八王子セミナーハウス」へ出張って、卒論のテーマを誰かから盗もうと画策した。そこに友人と2人で来ていたのが妻だった。

卒論のテーマを探しに来たはずの私は、都内のお嬢さま大学在学中で、でもど

ことなく庶民的で、当時はやりの〝聖子ちゃんカット〟をした女の子に一目惚れしてしまったのだ。合宿中には一言二言、言葉を交わしただけだったが、合宿終了後、私の心中では彼女の残影が日に日に大きくなっていった。

私の手元には合宿参加者の名簿があった。参加者の氏名と、番地以下が省略された住所だけが掲載された名簿を握りしめて、私は12月の末まで4畳半の下宿で寒さにうずくまりながら悶々とした日々を送っていた。

年の瀬も押し迫ったある日、私は意を決して駒込銀座商店街で5千円札を両替すると、上着とズボンのポケットいっぱいに10円玉を詰め込んで、公衆電話の前に陣取った。すでに気持ちは固まっていた。彼女が電話口に出るまで電話をかけ続ける。そして、電話に出た彼女をデートに誘う*のだ。もちろん、彼女が電話に出るかもわからないし、私のデートの誘いを受け入れてくれる保証もない。だが、私の頭には彼女の笑顔が焼き付いて離れることがなかったのである。

黄色い電話帳で世田谷区のページを開くと、彼女と同じ姓の家を、上から順に電話をかけていった。

「もしもし、わたくし福永という者ですが、翔子さんいらっしゃいますか？」

彼女をデートに誘う
このとき、まだ童貞だったにもかかわらず、気の早いことに私は彼女とデートするだけでなく、結婚することすら夢想していたのである。今思い返せば、これも若さというものなのだろう。

電話口の応対はさまざまだった。

「はぁ。どちらさま?」「うちに娘はいないよ」「なに?　いたずら電話?」

10円玉が半分ほどなくなったところで、

「はい、少々お待ちください」

後ろに娘を呼ぶ声がして、私の鼓動は一気に速まった。そしてついに待ち望んでいた彼女の声が受話器から聞こえてきた。

何をどう話したかはもう覚えていない。それでも私たちはデートの約束をし、後日、渋谷の109前で待ち合わせをした。その日、彼女は約束の時間どおりに現れた。


私が電通に入社したとき、彼女はまだ女子大の3年生だった。私たちのデートは、私のアパート近くの自由が丘周辺だった。電通の給与はよかったものの、まだ大学時代の奨学金を返済していた私は、彼女に贅沢なランチやディナーをご馳走することはできなかった。だが、われわれはそんなことを気にはしていなかった。私は現役女子大生との絵に描いたような幸せを味わっていた。

近々結婚
電通の同僚たちの結婚式には、司会は有名アナウンサーが行ない、馴れ初めVTRは制作会社が作り、芸能人からのビデオメッセージがわんさか…というようなものが多かったが、私たちは穏便に済ませるつもりだった。ある電通マンの結婚披露宴で、新郎側の先輩電通

すでに互いに近い将来の結婚を意識し始めていたわれわれは、ある日何気なく理想の家について語ったことがある。田舎育ちで貧しかった私は、幼いころ、友だちの家に遊びに行き、広い庭の大きなトランポリンで遊んでいたときに、こんな家があるのかと感心したことがあった。そんな話を彼女にした。

「でもキミと一緒に住むのなら、小坂明子の『あなた』にあるような、小さな家がいいかもね」

と言うと、彼女は「不思議ね。私も小さな家に、あなたと住みたい」とはにかみながらうなずいた。

電通に入社して3年目、私は彼女にプロポーズする。

彼女の両親へのあいさつのため、実家に赴いた私に、義父は遠慮がちに聞いた。

「電通社員は高給取りなんだってね。キミは今、いくらくらいの年収があるのかね?」

彼女も、彼女の父親も、今考えてみれば、私という人間よりも、私が所属する「電通」というブランドに惹かれていた面もあったのかもしれない。彼女の父親はしきりに「娘が電通に勤める男と付き合っていて、近々結婚する*」と吹聴して

マンが、新郎のこれまでの恋愛遍歴を次々と暴露、年上の人妻とも不倫していたことまで〝披露〟してしまい、新婦側の両親が激怒して会場から退席したというケースを知っていたからだ。警戒した私は電通の先輩にはスピーチを依頼しなかった。ところが、電通の先輩たちは、指名もされていないのに勝手にマイクを掴んで次々にスピーチを繰り出した。「福永は営業局の鼻つまみ者です」「福永は仕事ができることを自慢ばかりしています」「福永はアルバイトの女性社員に手を出しました」…その場のウケを狙った、根も葉もない話だった。新婦側の出席者が腹を立て、怒号が飛び交った。荒れた披露宴の最後、私の父は「本日は多くのご祝辞を賜りまして誠にありがとうございます」と締めくくった。

いたらしい。

彼女は、大学で教員免許をとり、大学卒業後、学校で働いていたが、私との結婚を機に退職した。私が28歳、彼女が26歳のときであった。

某月某日　ブルーオーシャン：Jリーグ開幕

1993年5月15日、ヴェルディ川崎対横浜マリノス戦でJリーグが華々しく幕開けした。試合開始を告げる華々しいファンファーレの裏では、広告代理店が血みどろの暗闘を繰り広げていた。

開幕時のJリーグは、博報堂が大会のすべてのスポンサーシップの企画とセールスおよび管理を行なっていた。

そのマネタイズは見事であった。ファーストステージの「サントリーシリーズ」、セカンドステージの「NICOSシリーズ」は、いわゆるネーミングライツで、そのスポンサー料は半期で5億円とされた。スポンサーシッププログラム

は、博報堂の独占セールスであったから、テレビ放送における提供スポンサーのうち、サントリーの競合社、ＮＩＣＯＳの競合社は、博報堂によって排除され、ほとんどの提供スポンサーを博報堂が決めていく有様であった。

電通は当初、サッカーのプロ化*の成功に懐疑的でＪリーグには食い込めておらず、博報堂に遅れをとっていた。

当時、プロ野球でさえ、パ・リーグの球場は閑古鳥が鳴き、親会社からの広告費名目の補てんによってようやく成り立っている状況だった。ヨーロッパではプロ化しているものの、野球が国民的スポーツの日本にサッカーが浸透するはずがないというのが大勢の見方だったのだ。プロサッカーリーグに関しても、電通は「実現性が乏しく、実現したとしてもマネタイズの規模は小さい」と判断していた。つまり、電通はサッカーのビジネス化を見くびっていたのだ。

一方の博報堂は早い段階で取り込み、プロ化に向けての動きをサポートしていた。「Ｊリーグ」という呼称は、博報堂が発案し、のちにチェアマンに就任する川淵三郎氏が気に入り採用に至ったものである。

「成功するはずがない」と見ていたＪリーグの好発進に電通は焦っていた。

サッカーのプロ化
１９６５年、アマチュア主体の全国リーグである日本サッカーリーグ（ＪＳＬ）が創設。１９６８年の日本代表のメキシコ五輪銅メダル獲得で一時的に人気を得たが、その後の日本代表の成績不振もあり、長らく観客動員は低迷。釜本邦茂の後ろ向きヌードポスター「格闘技宣言。」や、明石家さんまの上半身裸のポスターを制作するなど人気回復に向け模索を続けていたがうまくいかなかった。１９８９年、川淵三郎が日本サッカー協会（ＪＦＡ）内に「プロリーグ検討委員会」を作り、プロ化に向けた取り組みが本格化していく。

博報堂1強のJリーグスタート前夜、私は大手外資系飲料メーカー・C社を担当していた。

私は、ある日、偶然見ていた南米サッカーのテレビ中継で、選手たちが胸にC社のロゴをつけているのを目にした。気になって調べてみると、ブラジルのリーグに参加している5つのチームが、C社をゼッケンスポンサーにしていた。C社はリーグではなく、各チームと独自に契約していたのだ。

私は、日本でも同じことができないかと考えた。人気チーム・読売ヴェルディのユニフォームにC社のロゴを入れるのだ。C社にとってもインパクトのある広告になる。私はまず営業部内で提案した。

「難しいな」それが上司の答えだった。取り付く島もなかった。

あきらめ切れない私は電通社内のスポーツ局を訪ねた。林田という先輩社員を知っていたからだ。

「福永、相変わらず甘いな。博報堂が仕切ってるんだから無理だ。そんな企画は成立しない」

すげなく断られた。彼らには、Ｊリーグが博報堂に仕切られている現状をひっくり返してやろうとする気概が感じられなかった。

それではということで、社外のスポーツマーケティング会社*３社をめぐっても答えは変わらなかった。

そこで私は掟破りの行動に出ることに決めた。読売ヴェルディの了解を得る前に、クライアントのＣ社から口説くことにしたのである。そのためには絶対的な説得材料が必要だった。

ＶＨＳテープに録画しておいたサッカー中継をストップウォッチ片手に観ながら、ユニフォームのロゴがどのくらい映りこむかを計測した。何試合もチェックして平均的な映りこみ時間を割り出した。さらに当時使い始めたばかりのアップルのマッキントッシュの表計算ソフトを使って、その秒数と推定視聴率、その時間帯の平均の１％視聴率広告出稿コストを掛け合わせた。

４億５０００万円。これが私が試算した１年間のスポンサー料だった。これを徹夜して英語に翻訳して企画書にまとめた。Ｃ社での最終決裁はアメリカ・アトランタにある本社が行なう。英訳までですることで、日本法人担当者の手間を省く

社外のスポーツマーケティング会社
スポーツマーケティングには、①スポーツそのものの認知拡大、チケット&グッズ売上げなど収益の増大を目的にするものと、②スポーツを取り入れることで、企業の認知拡大、ブランドイメージ向上、売上げ増大を目的にするものとがある。スポーツマーケティングのエージェントとして世界的に有名なのは、ＩＭＧ（インターナショナル・マネジメント・グループ）で、タイガー・ウッズ、マリア・シャラポワなどの有名アスリートと契約するマネージメントライセンス企業グループ。日本にはスポーツマーケティング会社も多数あるが、その役割のほとんどを広告代理店が果たしている。

のにくわえ、私の情熱がじかに伝えられると考えたからだ。

C社の担当者は企画書をひと目見てこう言った。

「面白そうですね。すぐに社内で検討します」

数日後に返答があった。

「リーグやチームなど関係各所の了承が得られればという条件付きで、うちはスポンサードするということです。それでもアトランタ本社は即決でしたよ。頑張ってくださいね」

こうしてC社からは内諾を得られた。C社の担当者にとってもJリーグ側の許可を得る前の「回答」はリスクのあることだったろう。私もC社の心意気に応えなければならない。

私は続いて読売ヴェルディの親会社であった読売新聞社に接近した。電通社内のサッカー関連部署には話を通さなかった。

私が頼ったのは、電通・新聞局の読売担当キャップ・服部氏だった。歴代社長を輩出し続ける「新聞局」の課長的ポジションに当たる「キャップ」職は、威厳のある職位であった。なかでも服部氏は将来を嘱望され、渡邉恒雄氏とやりとりできるのは、電通では彼しかいないとされていた。* それまで、私は服部氏を社内で見かけることはあっても直接話をしたことはなかった。

私は新聞局のフロアに行き、恐る恐る服部氏に話を持ちかけた。

「営業の福永？　サッカー？　なんで俺にそんな話を？」

私は、服部氏しか頼りにできない事情を切々と訴えた。

「服部さん、ここだけの話として聞いてください。じつはすでにC社のアメリカ本社から条件付きで了承ももらっているんです」

「なんだって？　それ、おまえのところの営業部長さんは知ってんのか？」

「服部さんがうんと言ってくれれば、話を通すつもりです」

そして、私は読売ヴェルディのユニフォームの胸と背中にC社のロゴを入れることで、年間数億円の売上げを「新聞局」に設定することができると伝えた。

「新聞局の売上げになるのか。面白えじゃねえか。いっちょやってみよう」

この話は営業局内でも黙っていた。言ったところで上司の協力が得られないのはわかっていたし、多くの人間に知られれば、それだけ外に漏れるリスクがある。外に漏れれば、必ず博報堂から横やりが入るだろうし、電通社内のスポーツ局

彼しかいない
服部氏はゴルフの腕前がプロ並みであるとされ、「電通に入社して以来、俺は自分のカネでゴルフをしたことはない」と豪語しているとされた。要するに新聞社が、これと見込んだ電通マンをゴルフ接待で囲い込んだのであろう。

だって黙ってはいないだろう。そう考えた私は、極秘裏に進めたかった。心のどこかには、私の企画をこけにしたやつらの鼻を明かしたいという気持ちもあった。

しかし、極秘と伝えていたにもかかわらず、どういうわけかＪリーグ事務局の担当者から連絡が入った。

「おたくが読売新聞に持ちかけているユニフォームロゴのスポンサー契約だけど、ああいうことはＪリーグを通してやってもらわねば困りますよ」

勢いのあったＪリーグの担当者は居丈高だった。どうも話の信憑性を疑った、読売新聞社内の人間からＪリーグ事務局に照会があったらしい。

だが、Ｊリーグを通せば、博報堂が握りつぶすのは目に見えている。私は、Ｊリーグからの申し入れにはあいまいな返事を返したまま、読売新聞社との交渉を続けることにした。急がなければならない。私は焦った。

それでも私には勝算があった。というのも、当時、読売新聞社はＪリーグと対立関係にあり、独自路線を歩もうとしていたのだ。連絡を入れてきたＪリーグ事務局とのやりとりでも、彼らが読売新聞社と事を荒立てたくないであろうことは伝わってきた。

リーグ発足当時、「地域密着」の理念を掲げたJリーグに対し、クラブの出資者である読売グループ（とりわけ読売新聞社社長だった渡邉恒雄氏）はこの理念を「空疎」と断じて真っ向から反発した。クラブチーム名表記から企業名を排除して「ホームタウンの自治体名（都道府県名、ないしは市区町村名）＋ニックネーム」とするリーグの方針に反し、1992年から1993年にかけて、読売系のメディア（読売新聞・日本テレビ・スポーツ報知）では「読売ヴェルディ」と呼称し続けた。＊

また、Jリーグの規約には、クラブチーム独自の経営努力として、積極的なマネタイズも推奨されている。読売新聞社が電通を介して、C社と独自にユニフォームロゴの契約を結んでしまえば、それは既成事実になる。Jリーグも博報堂もひっくり返すことはできない。それが私の読みであり、賭けであった。

だが、社内でも一部の人間にしかこの内容は話していない。直属の上司にすら黙っているのだ。もし問題がこじれれば、私は社内で孤立する。営業部内にも居場所はなくなるだろう。

それでも私には自信が、いや根拠のない勢いがあった。サッカーの本場・南米

読売ヴェルディと呼称し続けた
地域密着を理念として掲げ、企業色は前面に出さないスタンスのJリーグに対して、読売新聞社は読売ヴェルディを「サッカーの読売ジャイアンツ」にしようと考えていた。「読売」の名前が出せないことに渡邉社長が憤慨し、川淵三郎チェアマンを「独裁者」と非難した。スポーツ報知や日本テレビでは、他チームも「日産横浜マリノス」「パナソニックガンバ大阪」「三菱浦和レッズ」と企業名を付けて呼称し続けたが、1994年のシーズン開幕前からは「ヴェルディ川崎」に表記を統一するようになった。

や欧州では当たり前のゼッケンスポンサーが、この日本ではまだ手つかずのブルーオーシャンなのだ。ここに手を突っ込まなければ代理店の営業マンの名がすたるというものだ。

某月某日　勝ち馬に乗る：博報堂VS電通

私が服部キャップと話したわずか3日後だった。当の服部氏が、私の席までやってきた。当時、新聞局のキャップクラスになると、営業部員から出向くのが当たり前で、その逆は滅多にない。フロアの違う彼がわざわざ私のところまでやってくるのはよほどのことだ。近づいてくる服部キャップの笑みを見て、私は察した。

「福永、やったぞ」

私は顔がほころぶのを押さえられなかった。

「ということは？」わかっているのに、あえて聞く。

「そう、ナベツネがOKした。明日、読売の朝刊のスポーツ面*に記事が載る」

ついに、やった！

読売新聞社は、ヴェルディのユニフォームに飲料メーカー・C社のロゴを入れることについてGOサインを出した。彼らにとっては、Jリーグ内における読売グループの独自路線の象徴という意味合いもあったのだろう。

服部キャップと私は手を握りあって喜んだ。

契約は、ユニフォームの胸と背中へのロゴプリント、および公式戦全試合での着用。チームの公式ドリンクとして、C社のブランドであるスポーツドリンクの提供。読売ヴェルディは同商品にとどまらず、コーラ類をはじめとする、C社の全ブランドのマスメディア露出への協力。さらに選手の広告使用のための肖像権の使用許諾を含む、1年4億5000万円の3年契約だった。

私は、この段になり初めて営業局長と営業部長に報告をしに行った。彼らが明日の新聞記事を読んで初めて事実を知るというのは、最低限の礼儀として避けなければならない。営業局長も営業部長も苦虫を噛みつぶした顔で私の報告を聞き、黙ってうなずいた。

読売の朝刊のスポーツ面
待ちきれない思いで翌日を迎え、駅売りの読売新聞を手にした。記事を読みながら、私に去来したのはライバルや無関心な社内の連中の鼻を明かすことができたという達成感だった。

この大型契約は、電通社内に衝撃を与えたばかりか、博報堂や新聞社のあいだでも話題となったようだ。読売新聞の記事が出ると、電通のスポーツ関連部署、とくにサッカー事業部の部長は、局長に呼び出され、叱責されたとも聞いた。

通常、スポーツ案件の売上げはスポーツ局に社内売上げとしての設定がつく。それが今回の読売ヴェルディの案件はすべて新聞局の社内売上げになるのだ。スポーツ局のメンツは丸つぶれである。

勝ち馬に乗るのは業界の性《さが》。電通のスポーツ局のサッカー事業部も手のひらを返して、私を賞賛するようになった。

けんもほろろな対応だったスポーツ局サッカー事業部の先輩社員・林田氏が、向こうからすり寄ってきた。

「福ちゃ〜ん、いいところに目をつけたよ。すごいね！　今度メシに行かない？」

林田氏は、私を高級フレンチレストランのディナーに誘った。スポーツ局などの部署は営業局を社内接待することがあった。日ごろから営業局社員からの営業情報収集や懐柔《かいじゅう》を忘れなかったのだ。

「ヴェルディの企画書、いきなり英語で書いたんだって？　それ、見せてくれないかなぁ」

企画書を参考に、ほかのクラブチームにもアプローチしていこうというのだろう。人を袖にしておきながらいい気なものだ。

「営業秘密ですからダメですよ。自分で考えてください」

「そこをなんとか。メシ食ったあと、キミの尻の下に誤って企画書を置き忘れるとかさあ」

企画書は渡さなかったが、私は林田氏に企画の要点を話した。私はそれ見たことかとほくそ笑んでいたが、社内ではそろそろノーサイドにしないといけない。私の手法を参考に、ほかのクラブチームのゼッケンスポンサーが、電通の企画として決まるのなら、それに越したことはないからだ。

読売ヴェルディはその人気とともに、Ｊリーグの初年度と次年度、圧倒的な強さで日本一になる。そして、そのユニフォームにはＣ社のロゴが光り輝いていた。私の目論見は大成功*に終わったのだった。

大成功
結果としては、Ｃ社のアトランタ本社も満足するほどの、ソフトドリンクのスポーツマーケティングの日本での成功例として評価された。また、この企画で私はその年の上半期の「営業本部長賞」を受賞した。その賞金30万円は、関係者たちとの飲み会で一晩で消えたのだった。

これをきっかけに電通の巻き返しが始まった。

まず、博報堂案件というのが暗黙の了解だったJリーグのテレビ放送枠の広告を、電通の「テレビ局」が仕掛け、「営業局」が全力でスポンサーに売り込んでいった。「プロ野球中継ならいざ知らず、サッカー中継のスポンサーなんか……」というのが常識で、博報堂がテレビ放送の広告枠を買い切ることなどできなかった。電通はそこにつけ込み、Jリーグの地方の試合放送を組むよう、ローカルテレビ局に促した。

「スポンサーについては心配しないでください。すべて電通が面倒を見ますから」*

スポンサーを電通が集めてくれるのなら、ローカルテレビ局に放送のリスクはない。彼らはこぞってJリーグの試合を中継し始めた。地方局でのテレビ放送は「Jリーグ百年構想」の肝である、地域密着の実現そのものであった。各チームはもとよりJリーグ事務局も、電通のこの仕掛けを高く評価したのである。

さらに電通は各チームの親会社にもアプローチし、しらみつぶしにチームのゼッケンスポンサーを獲得していった。チームの親会社が「仕方なく」チームの

電通が面倒を見ます 電通の営業力をもってすれば、ローカルスポンサーでもナショナルスポンサーでも見つけ出すことが可能だった。また万一、広告枠が売れなかったとしても、地方局の番組の広告料は安いため、100%電通の持ち出しになっても負担ができるということでもある。

ユニフォームに広告を出していたのを、チームとは資本関係のないスポンサーに次々と売っていったのだ。こうして電通はあっという間に博報堂を出し抜いていった。

3年後、電通はJリーグのほとんどの利権を博報堂から奪取した。当初、博報堂と二人三脚だったはずのチェアマン・川淵三郎氏までいつのまにか電通シンパに豹変していたのだった。

某月某日　役得：会社のカネでブラジル旅行

読売ヴェルディについては余談がある。

ユニフォームにC社のロゴを入れる契約が成就し、その段取りの最終確認時、ヴェルディのチームマネージャーがこう漏らした。

「うちのチームは来週からブラジルに遠征合宿して、現地チームと親善試合があるんですよ」

なんだか楽しそうな話だ。南米には行ったことがなかったし、ちょうどボサノバに夢中になっていたころで、私は本場ブラジルに行けるこのチャンスをなんとか活かせないかと思案した。

自分のやりたいことをお金に結びつけられれば、それが「仕事」に化けるのがこの職業の醍醐味でもある。私は海外サッカーに熱心だった「週刊プレイボーイ」(集英社)に狙いを定め、「読売ヴェルディ・ブラジル遠征リポート」という企画書を書いた。内容は「週刊プレイボーイ」の表紙すぐの3ページを、C社提供の広告タイアップ企画として買い切り、サッカー記者とカメラマンを雇って、読売ヴェルディとサンパウロの3つのサッカークラブとの親善試合を誌上レポートするというものだ。

私は、上司である営業部長、クライアントのC社、読売ヴェルディの3者いずれにも話を通す前に、見切り発車で「週刊プレイボーイ」にアプローチしていた。なにせ読売ヴェルディの遠征は来週なのだ。モタモタしている暇はない。

「週刊プレイボーイ」にしてみれば、記者とカメラマンの旅費と宿泊費はC社の広告料金に含まれるうえ、読売ヴェルディの独占的取材ができるとあって、すぐに企画が通った。

「週刊プレイボーイ」に企画を通したあとで、営業部長、クライアントのC社、読売ヴェルディに順々に話をつけていった。予想どおり、3者ともすんなりと了承してくれた。C社はこの企画に対して、600万円の広告費支出を決めた。こうして「企画者」である私も仕事の一環として、読売ヴェルディのブラジル遠征に「同行取材」することになったのだ。

イベントや撮影の現場に、代理店の営業担当が赴くことはよくある。業界用語で「立ち会い」といい、その場の責任者として、いざというときの判断を行ない、形式上、現場を仕切る。とはいえ、基本的に営業担当がその場で何かすることはほとんどない。突発的なトラブルが起きても、制作スタッフが対応してくれる。だから、テレビCMの撮影で海外ロケをする際などに営業担当が立ち会うのは仕事と遊びのグレーゾーンのようなものだ。

しかも、今回のブラジル遠征ではあれこれと文句を言いかねないクライアント＊は同行しないという、代理店の営業マンにとっては夢のような海外出張となったのだ。

あれこれと文句を言いかねないクライアント
たとえば、テレビCMの撮影時、電通側のスタッフ以外にクライアント側が立ち会う場合、なるべく担当者ひとりに絞るようにする。クライアント側から複数名が立ち会うとトラブルが絶えないからだ。とくにクライアント側の立場のある人が撮影現場で知ったふうな態度であれこれ不用意な言動をするのが一番困る。タレントの怒りを買ったり、監督やカメラマンなどスタッフの集中力を削いだりロクなことがないのである。

私は、読売ヴェルディの選手たちとともにロサンゼルス経由（数時間のトランジット）でブラジル・サンパウロ入りすることになった。

行きのＪＡＬ機内*は、離陸直後から、ラモス瑠偉《るい》、都並敏史《つなみさとし》、柱谷《はしらたに》哲二、三浦知良《かずよし》、武田修宏《のぶひろ》、北澤豪《つよし》といったスター選手たちが大騒ぎで、キャビンアテンダントたちとの合コン状態に突入した。いつのまにかキャビンアテンダントたちもそれぞれお気に入りの選手の座席の肘掛けに座っている。

私と記者とカメラマンの「同行者」３人もおこぼれに与るかたちで彼女らと歓談した。そのうち、選手たちの宿泊先が偶然にもキャビンアテンダントたちのホテルと同じだとわかり、機内にはいっせいに歓声が上がった。

さらに選手とキャビンアテンダントたちは、ホテルの部屋番号を書いたナプキンをやりとりしている。その様子を見て、私たち３人にもそのおこぼれが回ってくるのではないかと胸が躍った。ところがナプキンは私たちの前を素通りしていく。そりゃそうだ。当時、現役バリバリの人気サッカー選手たちにかなうべくもなく、キャビンアテンダントは同行者３人になどなんの関心もないのだ。

選手とキャビンアテンダントとの合コンは、サンパウロに降り立ってからも、

行きのＪＡＬ機内
選手たちはビジネスクラスなのに対して、われわれはエコノミークラスだった。とはいえ、飛行機はガラガラだったため、いざ飛び立てば、横になって寝ることのできる「ビジネスクラス」状態だった。

ホテルのバーに舞台を移して続行された。私たち3人は疲れ果て、それぞれの部屋に帰ってベッドに倒れ込んだが、*階下からはいつまでも男女の笑い声が響いていた。キャビンアテンダントもアスリート並みの体力が必要とされることがよくわかったのだった。

翌日から、バスでサンパウロ郊外へ移動し、1日1試合、3日で3試合の日程をこなす。カメラマンと記者は試合の様子を追い、スタジアムの周辺を撮影したりしていたが、私はブラジルの快晴の空のもと、ただのんびりと試合を眺め、ビールを飲んでいた。私は日本で忙しく仕事をする同僚たちのことを思い、多少の後ろめたさを感じながらも、憧れのブラジルの大地を踏みしめた高揚感でまどろむようなときをすごしたのだった。

読売ヴェルディの試合レポートを終えたあと、*私は記者とカメラマンに持ちかけた。

「せっかくブラジルまで来たのだから、サンパウロだけではなく、この際リオ・デ・ジャネイロにも足を伸ばす、いや取材しておく必要があるでしょう」

記者とカメラマンは喜んで賛同してくれた。

ベッドに倒れ込んだ
私は寝入る瞬間、夜のサンパウロに響く銃声を聞いた。当時、サンパウロの治安は極端に悪かった。夜の街に繰り出すこともなく、私はおとなしく眠りについた。

試合レポートを終えたあと
試合後、取材として、三浦知良選手に単身ブラジルへサッカー留学していたころの食事を再現してもらった。ブラジルの国民食「フェジョアーダ」はわずかばかりの肉と豆を煮込んだものをご飯にかけた質素なメニューであった。私ははるかブラジルの地で、幼かったころの実家の食卓を思い出した。貧しいわが家の食事でカレーに入ったわずかな豚肉の切れ端を探すように食べた日のことを。

われわれはリオ・デ・ジャネイロに飛び、ゴンドラに乗ってコルコバードのキリスト像を見たり、晩夏のイパネマ海岸で小さい水着をつけたカリオカ（リオの娘）たちを〝取材〟した。*

その後、私はさらに一人でメキシコシティへ行き、ピラミッド見学をしたり、サボテンのサラダを食べたり、コロナビールを飲んでテキーラで締めたり、現地をさんざん〝取材〟したのだった。

私の、リオやメキシコへの〝追加取材〟は、会社に提出した「海外出張申請書」の旅程には記載していない。たとえバレたとしてもお目こぼしに与れるだろうという確信さえあった。電通マンの役得の、ほんの一例である。

某月某日　ドンの息子：無邪気で隙だらけのお調子者

内定者パーティーでの衝撃的な出会い以降、N社のドンの息子・本関君と私は顔見知りとなり、社内で会えば、「よう！」「おう！」などと声を交わすように

〝取材〟した
ブラジルの夜、同行してきたカメラマンと記者は、夕食後、ブラジルで「ボアッチ」と呼ばれている風俗店（バーやラウンジ、店によってはスチームサウナまであり、そこの女性と店の奥の個室へ入って〝サービス〟を受ける）に行った。私は結婚したばかりだったのと、そうした場所に妙な偏見があったこともあり、腰が引けて、２人を見送ったのだった。

女好き
電通マンには「女好き」が多い。銀座にあった私鉄系のホテルで、昼間ボ

なっていた。本関君は悪いやつではなかった。無邪気で隙だらけのお調子者だった。そして、根っからの「女好き*」というか、「恋愛体質」だった。

入社1年目、電通恒例の富士登山*で山小屋に泊まったひと夜で、彼は短大卒の女性社員と恋仲になり、そのまま授かり婚をした。

しかし、子どもが生まれてから数年後、会社の同僚たちに、新しい女性との結婚披露宴の招待状を配った。まだ離婚もしていないのに。上司から「それは重婚罪になるよ」と諭されて、結婚式を取りやめたと聞いた。

彼はそのあと、最初の妻と正式に離婚*し、テレビ局の元アナウンサーと再婚した。そう、いったんキャンセルした結婚披露宴の相手こそ彼女であった。

それから少し経った夏、社内イントラネットの人事異動欄に、本関君の懲戒解雇が掲示された。同日の朝刊各紙には、彼が広告主の自動車メーカーに、広告費を不正請求していた事件が掲載されていた。

彼は、担当する広告主の自動車メーカーに、「PR動画をローカルテレビ局で放送した」として億単位の広告費を請求し、それを着服した。PR動画を実際に制作しクライアントにも見せたうえで放送せず、広告を行なったように偽装して、

ヤ騒ぎがあり、ニュースになった。某局のカメラがいち早く駆けつけ、逃げ出してくる客たちの姿を捉えた中に、若き電通マンの姿があった。「（電通）テレビ局」の彼はほとんど服を着たばかりという出立ちの女性とともにホテル玄関から転げ出てきた。臨時ニュースに見入っていた「テレビ局」の上司が叫んだ。「あいつ、打ち合わせに行ったんじゃないのか！」

電通恒例の富士登山
毎年、新入社員全員と、昇進した幹部社員とが富士山の5合目から山頂まで登山する恒例行事。配属先の上司からは、「必ず優勝して帰ってこい」という厳命が下された。

妻と正式に離婚
別れた最初の奥さんを哀れに思ったのか、N社の

金をだまし取ったのだ。

この手口が巧妙なのは「PR動画の放送」という点だ。かつて電通内では、テレビCMの水増し請求が実際に起こっている。だが、これは発覚しやすい。営業担当は、放送局から提出されたテレビCMの「放送確認書*」をクライアントに届けるからだ。

ところが、テレビCM枠ではなく、番組提供広告でもない、曖昧なコンテンツであるPR動画の放送に「放送確認書」は発行されない。さらに本関君は細心にも、東京のキー局、大阪・名古屋の準キー局ではなく、地方のローカル局でPR動画を放送したとしていた。クライアントの東京本社の人間の目につきやすい関東などでは放送枠が取れないと言い訳していた。いやはや用意周到である。

事件発覚後、電通は自動車メーカーに社費で被害額の全額を弁済した。だが、怒りの治まらない自動車メーカーは、電通を出入り禁止処分とし、年間200億円ともされた広告をすべて引き上げた。

電通に大損害を与えた本関君は懲戒解雇され、N社のドンである父親からも勘当された。当然、社内で彼と顔を合わせることもなくなった。

ドンが彼女を自身の養女として養子縁組を行ない、その後の生活の面倒を見たという。

テレビCMの「放送確認書」
CMが放送されたことを公式に証明する書面。CMには、企業番号と素材番号からなる10桁の識別コード（10桁CMコード）が設定されていて、これによりCMが個々に管理できる仕組み。「放送確認書」には、この10桁CMコードとともに、放送日時と秒数が記載されている。CM放送後、テレビ局が「放送確認書」を発行し、広告代理店を通じてクライアント（広告主）に提出される。とくにスポット広告と呼ばれるテレビCMは本数が膨大になるため、通常、クライアント側の宣伝部社員は広告代理店から提出されたCM

だが、「勘当」はあくまで表向きの話だったらしく、その後も、父親の経済的援助を受けながら、本関君はいくつかのＩＴ系企業の代表を務めた。何しろ、ドンの息のかかった会社から、またはドンを忖度《そんたく》した部下たちから、いくらでも仕事が回ってくるのだ。社内の噂で本関君の話を聞くたび、１８５センチはあろう長身をブランド物のスーツでばっちりと決めながらも、いつもヘラヘラとしてどこか憎めない隙だらけの彼の笑顔を思い出した。

２００７年、本関君は自らが社長を務めていた人材派遣会社に対して業務上横領を働いたとして逮捕された。この事件も私はテレビのニュースで知った。このころになると、もう社内でも彼は過去の人となり、その話をする人もいなくなっていた。

おそらく父親が弁済して示談としたためであろう、彼は不起訴処分となり、釈放された。その直後、父親は脳梗塞で亡くなった。

そして、その数年後、本関君も自宅の風呂場で倒れ、大動脈瘤破裂のため、53歳で亡くなった。近親者だけで行なわれたという葬儀の数日後、私は新聞のベタ記事でそのことを知った。

の放送時間と本数などと、この「放送確認書」とを照らし合わせて確認する。たとえば、放送時間が違っていて、それが約束されていた時間帯よりも視聴率の低い時間帯であったりすれば、広告代理店に補償させる必要があるからだ。もちろん、広告代理店の営業のほうでも、クライアントに提出する前に自分でチェックし、事前の約束と実際の放送に齟齬がないかを確認するし、万一、クライアントに不利な違いがあれば、指摘を受ける前に補償案を持っていくのが当たり前である。

電通に入っていなければ、本関君の人生はどうなっていただろうか。彼のことを思い出すとき、まっさきに浮かぶのは、内定者パーティーで初めて会ったときのちゃらんぽらんで邪気のない、あの笑顔である。

某月某日　競合プレゼン：「絶対に負けてはならない」

私が所属していた営業部に、業界3位の化粧品メーカーからレターが届いた。「とうとう来たか」封筒をペーパーナイフで開封する営業部長の手が震えている。

《株式会社電通殿
当社の商品の広告戦略に関する競合プレゼンテーションへのご参加のお願い
商品：シャンプーとコンディショナー『プリティ』のリニューアル商品》

レターは、これまで電通が3年間守ってきた担当ブランドのリニューアル商品

競合プレゼン参加の依頼
日本のクライアントの場合、プレゼンに関わる費用は広告代理店の持ち出しが基本である。外資系のクライアントは、競合プレゼンに参加した広告代理店に、勝敗にかかわらず50～100万円程度のプレゼン費を支払ってくれるところもある。

競合プレゼンが行なわれる
一言で競合プレゼンといっても、さまざまなものがある。1つの商品やサービスの季節的なキャンペーンだったり、数年にわたる商品やサービスのブランド戦略だったり

の取り扱いを、電通、博報堂、ＡＤＫの3社で争うという競合プレゼンへの参加の依頼*だ。

　この商品における電通の年間売上げは30億円。もし負ければ年間売上げを30億円失うことになる。相手側は勝てば売上げ増、負けても失うものがないという状況で、電通にとってプレッシャーの度合いが高い。営業局内はおろか営業本部長会議でも「絶対に負けてはならない」と警戒感が強まった。

　日本の広告業界では、担当ブランドについて広告代理店に一任し、特段の問題がなければ、そのまま契約が続いていくことが多い。だが、外資系クライアントは数年に一度、ブランド担当代理店の競合プレゼンを求めてくる。馴れ合いを防いだり、最適なエージェンシーを選定するという株主への説明責任もあるからだ。ひとたび競合プレゼンが行なわれる*となると、直接関係していない者たちへも噂が広まり、社内では上を下への大騒ぎとなる。

　レターを受けて、営業部内で、朝倉部長と担当営業の私、そして後輩の君塚による会議が行なわれた。朝倉部長の檄が飛ぶ。

「さっき営業局長*に呼ばれて、『得意のケツを舐めてでも扱いを死守しろ』だと

する。広告代理店は、日常業務や特別な取材を通して、いつ、どのような競合プレゼンが行なわれるかをつねに探っている。他社より早めに情報を得られれば、それだけ準備に時間をかけられ、競合相手を出し抜くことができる。クライアントとの関係がよければ、競合プレゼン時に情報や勘所をこっそりと教えてくれることも。

営業局長
じつはこの営業局長には、私たち夫婦の結婚の際、仲人を務めてもらった。というのも当時、電通では上司に仲人を頼むのが暗黙のルールだったのだ。この人は東大卒業の英語使いで、電通に勤務しながら映画評論家としても有名で、自ら多数のハリウッドスターを広告に起用するやり手だった。

よ」

営業部長の上司にあたる「局長」にも、さらに上からのプレッシャーがかかっているわけで、負けは許されない。

営業担当の私がリーダーとなり、プレゼンに向かうチーム編成を行なう。この商品はこれまで電通が扱っていたこともあり、すでにマーケティングとメディアプランニング*には担当がついている。

「マーケとメディアは続投でいいでしょう。ですが、クリエイティブチームは変えるか、最低でも、現チームと新たなチームの社内競合にかけるべきでしょうね」

私はブランドの打ち出しがマンネリ化しているのを感じていた。だが、クリエイティブチームを変えたいというのは、今のチームがダメだという通告に等しい。問題はクリエーティブ局の反発だ。

クリエーティブ局長からの返答は「クリエイティブの社内競合は不本意ながら受け入れる」というものだった。

ここでクリエイティブチームと、われわれ営業担当との力関係を説明しておこ

メディアプランニング
マーケティング戦略やクリエイティブ戦略が決まったあと、その戦略をもとに、ターゲットに効果的にリーチする最適なマスメディア広告媒体戦略を立案する。

う。電通内ではクリエイティブ部門と営業部門とは基本的にフラットな関係である。ただ、その組織が向き合っているクライアントや仕事の内容によって力関係は変わる。

営業がクライアントから絶対的信頼を得ている場合、その信頼を背景に強い力を持つ。たとえば、営業主導で、欲しい人材を社内外から集めたり、クリエイティブやマーケティングに有力な人物を指名したりできる。

反対に、クライアントに個人的に食い込んでいるクリエーター*がいると、その人物が絶対権力者となることもある。

いずれにしても、営業が一定程度のリーダーシップをとらないとプロジェクトはうまく進まない。優秀な営業は、クリエイティブを気持ちよく躍らせながら、必ずリーダーシップをとる。

「リニューアルなんですから、商品のＤＮＡは変えないほうがいいでしょうね」

君塚がそう言うと朝倉部長の目がつり上がった。

「馬鹿言え。そんなことをクリエイティブの連中に伝えたら、やつらはせいぜい

クライアントに個人的に食い込んでいるクリエーター
オーナー経営の企業や、カリスマ経営者などと直接の関係を築いているクリエーターもいて、大きなプロジェクトなどではクライアント側から直々に指名を受けることがある。その代表例がこのあとの第３章に登場する「大物クリエーター・笹川氏」であり、その手法はまさに「爺ゴロシ」といえる。

『NEO』とか『新しくなった』とかつけるくらいしかしてこんぞ」

部長の言うことはよくわかる。

「それじゃ、今回は勝てない。クリエイティブには、得意からのオリエンの紙情報だけ渡して、営業からの意向は与えずに1週間考えさせましょう」

私がそう言うと、朝倉部長もうなずいた。

マーケティング担当からは、市場分析や、リニューアル商品のポジショニングなどの資料が届き、2日で企画ができあがっていたが、われわれ営業はそれを2つのクリエイティブチームには渡さなかった。

果たして、3年担当している既存のクリエイティブAチームと、今回新しく組まれたクリエイティブBチームの双方からキャッチコピーがあがってきた。

《大自然がくれた、自然由来のつやと輝き》（クリエイティブAチーム）

《未体験　ボタニカル》（クリエイティブBチーム）

朝倉部長が2案が書かれたA4用紙を壁に貼る。

「どう思う？」

「ボタニカルって、聞いたことがない言葉ですけど」君塚が不安げにつぶやく。それもそのはず、今でこそよく知られているこの言葉も当時は馴染みがなかった。

「成分資料をよく読んでるじゃねえか。聞いたことがないからいいんだよ。説明していない潔さがある」

朝倉部長は、そう言って、クリエイティブBチームを選んだ。

広告の命ともいっていいコピーが決まれば、仕事の半分はできたようなものだ。このキャッチコピーに従って、ムービーとグラフィックで世界観を具現化していく。続いて必要になるのがキャッチコピーを体現するタレントやモデルの起用だ。

「リニューアルですから、女優のHは継続でいいですよね？」

君塚が確認を求めてくる。有名女優Hは、化粧品メーカーの役員が大好きだと*いう理由で3年にわたり起用し続けられていた。

「ここは営業主導で変えさせませんか？」

私は朝倉部長に提案した。女優HはこのCMに起用されて3年が経っていた。24歳の清純派女優は27歳の中堅女優になった。もう旬がすぎつつあると考

役員が大好き
広告に起用されるタレントは、企業や広告代理店がマーケティング戦略を熟慮し決定する、と多くの読者は思っているであろう。それは間違いだ。クライアントの役員などの〝キーマン〟が「好きだ」とか「大ファンだ」といった理由で決められることがほとんどだ。そうでなくとも、広告代理店が提案した複数候補のうち、誰を選ぶかは、クライアントの〝キーマン〟の好みで決まるのだから、起用されるタレントは基本的にすべて好き嫌いで決まるといっていい。

えたのだ。

こうして、営業の方針のもと、女優Hからの起用タレント*の変更をクリエイティブBチームに伝える。クリエイティブBチームも、キャッチコピー以外の企画をゼロから考えて、2日後の会議に仕上げてきた。

その内容は意外なものだった。Bチームは、彫りの深い西洋的な顔立ちの有名女優Hのかわりに、のっぺりした顔の無名モデルを推薦してきたのだ。

クリエイティブBチームの若手女性プランナーは自信満々だった。

「起用するのは美人じゃない人。半分ブスくらいの若い子でいきたいと思います。この際、コミュニケーションターゲットを若返らせるだけじゃなくて、変えるんです。みな、美人には嫉妬するけど、ブスには親近感を覚えますから」

女性心理は奥が深い。

「それで行こう」

朝倉部長が言い切った。朝倉部長は化粧品会社の担当として、長いあいだ営業部長をやってきた。

彼は欧州を中心としたラグジュアリーブランドの雑誌広告の変化に気がついて

起用タレント
起用タレントについては、スキャンダルの有無、交際相手、好きなブランド、その他の性癖などの「身体検査」を行なう。とはいえ、内実など簡単に探れるはずもない。スキャンダルでCMがお蔵入りになった場合、広告代理店とクライアントはタレント側に損害賠償を求めるが、事務所側に支払い能力がないこともあり、ほとんどは広告代理店が損害を肩代わりすることになる。

いた。それまで欧米系の白人モデルが主流だったのが、ほんの数年のうちに黒人系やアジア系モデルの起用が目立ってきていた。

さらに、考えてみれば、初代プリティの愛好者も3歳、歳をとっていることになる。次世代の愛用者を育てるための起用なのだ。

ここまで来れば、プレゼンの準備はほぼ完了したも同然だ。われわれの世界では、メディア戦略は「うんち」と呼ばれる。排泄機能は必要だが、重要ではない、という意味である。おまけとして広報戦略やイベント戦術を立案してくっ付ければ完成である。そして、電通は勝った。*

だが、次に待ち受ける試練は、「面白い広告はできた」が、結局、リニューアルして商品が売れたかどうか？

不思議なことに、CMの出来が優れていると商品は売れる。このときもそうだった。そうでなければ、広告代理店なんて世の中からとっくの昔に消えているのだ。

電通は勝った
競合プレゼンの勝敗を分ける、もっとも大きな要因は何か？　私の経験上、答えはクリエイティブ提案の良し悪しである。広告代理店各社がどんなに綿密な市場調査を行ない、どんな素晴らしいマーケティング戦略を提案し、どんなに効率的なメディア戦略を実行すると約束しても、結局はもっとも魅力的なクリエイティブプランの提案をした広告代理店が勝つのである。クリエイティブ部門は勝敗を分けるキーであり、だからこそ花形部署なのである。

某月某日 でっちあげ：思わぬ逆転勝利

もう一つ、競合プレゼンについて、私には感慨深い経験がある。

家電を祖業とするSグループが、損害保険会社を設立して、通販の損保事業に参入したときのことだ（Sグループはすでに銀行と生保を設立し、実績を上げていた）。

S損保は、10社に及ぶ広告代理店による競合プレゼンを行なうと宣言した。いくらなんでも多すぎるが、それだけSグループは損保事業に社運を賭けていたのだ。この競合プレゼンが感慨深いのは「ありもしないことをでっちあげた」プレゼンだったからだ。

当時、電通には、通販全般に関してノウハウがほとんどなかった。事前の分析では、「親指と小指を伸ばして電話をするゼスチャー」のCMで有名だったA社の扱いを一手に担っていたADK*が圧倒的に優位であるとされた。

＊ADK　1999年1月、旭通信

その状況をひっくり返すためにどうするか。われわれのチームは知恵を絞った。その結果、「広告投入後のレスポンス情報とメディア購入を連結させることで金融通販の最適なメディア・バイイングを行なうプランニング・エンジンツールを開発した」という体裁でプレゼンに臨んだのだ。そんなツールは開発していなかった。* つまり、完全なるでっちあげだ。

私は正直勝てる気がしなかった。中身がないからだ。

結果の通知の日が来た。電通は敗れた。勝利したのは、予想どおりＡＤＫであった。次点が博報堂。電通は3位だった。まあ、そりゃそうだ。営業の私もこのときばかりは悔しさよりも、淡々としたあきらめの境地だった。

ところが、結果が通知された日の夕方、ＡＤＫが受注を辞退した。Ａ社と競合するＳ損保の事業を扱うことはできないというのが理由だった。そんなことはプレゼン前に言うべきなのだが……。

Ｓ損保の担当者は平身低頭で電通に連絡を入れてきた。

「本来であれば、２位通過の博報堂さんにお願いするところなんですが、今になってみると御社のプレゼンが素晴らしいものに思えてきました。ぜひとも電通

社と第一企画が合併してアサツーディ・ケイ（略称・ＡＤＫ）が発足。その後、２０１９年にＡＤＫホールディングスに商号変更。日本の広告代理店としては、電通、博報堂に次いで業界３位の売上げを誇る。

そんなツールは開発していなかった
そんなツールは開発してはいなかったのだが、なぜか「ＤＲＡＭＳ（ドラムス：ダイレクト・レスポンス・アナリシス・メソッド）」というご大層な名前だけはできていた。電通のマーケターは、いつも新しいマーケティング手法を編み出しては大仰な名前をつけて自慢げに発表する。しかし、そうしたツールやメソッドのほとんどはいつのまにか社内でも忘れ去られていく。

さんにお願いします」

こうしてわれわれのもとには思わぬラッキーが飛び込んできたのだが、喜びの一方、冷や汗もにじんできた。だって、われわれが提示したのはでっちあげのシステムだったのだから。

われわれはS損保に「レスポンスデータの開示」を要求した。つまり、広告を打った際に、いつ、どこから、どのような（年齢、性別、居住地域など）人たちが問い合わせてきたのか、のデータを秘密保持契約のもとで教えてくださいとお願いしたのであった。

電通はS損保から、広告に反応してきた「レスポンスデータ」を受け取り、それを次のメディアプランニングに役立てた。そして当たり前のことをした。比較的安くて、比較的レスポンスが多いメディアに集中的に広告を展開していった。

こうして電通は、「広告投入後のレスポンス情報とメディア購入を連結させることで金融通販の最適なメディア・バイイングを行なうプランニング・エンジンツール」というでっちあげシステムを、競合プレゼン後、見事に〝開発〟したのだった。

某月某日　**人生の階段**：「子煩悩な父親」のウラの顔

結婚して2年後に長男が生まれた。35年のローンを組み、都心にほど近い場所に新築マンションを購入したのは30歳をすぎたころだった。結婚前に妻と話した「小さな家」を手に入れたのだ。

ローンの支払いには余裕があったし、電通の給料であれば、ローンも計画を前倒しして返済できる。妻とはそんな話をしていた。

だが、私は電通マンとしての遊興に慣れすぎてしまっていた。

会社の交際費を使った飲み食いだけにとどまらず、同僚や知人・友人との飲食のため、クレジットカードを何枚も作り、時に消費者金融から借りてまで、カネを注ぎ込んだ。

３年ずつの間隔を空けて次男と三男が生まれ、家族は５人になった。それでも毎夜の浪費は止まらなかった。40代になったころ、カードローンは自転車操業状

態になった。ボーナス時に借金の全額をいったん返済し、その翌日にそれ以上のカネを再び借りたことも一度や二度ではない。

毎月郵送されてくるクレジット会社からの明細は送付先を会社宛にし、妻には毎月、一定金額だけを現金で手渡しし、給与明細を見せることはなかった。

妻はもちろん、私たちの結婚を喜んでくれた彼女の両親の手前もあり、「カネの心配をさせない」という体裁を取り繕うことに必死だった。

そもそも妻は金銭的にぜいたくな暮らしを求めることはなかった。あるだけの範囲でつつましく暮らす方法を知っていた。

だから、妻は私の経済状態についても詳しくは知らなかった*だろう。専業主婦となった妻は子どもを育てることに人生の喜びを見出した。

世はお受験ブームで、わが家もその波に乗り遅れてはいけないと、3人の子どものために家庭教師を雇い、学習塾に通わせた。子どもはみな、私立中学を受験した。妻は3人の息子たちの弁当を、長男が中学生1年のときから三男が高校を卒業するまでの12年間、毎朝作り続けた。風邪を引いて体調の悪いときや大地震の翌朝にも、私の知る限り、子どもたちの弁当が途絶えることは1日もなかった。

詳しくは知らなかった
金融市場で金利が安くなってきた時期に、妻と相談し、住宅ローンの借り換えを試みたことがある。審査のため、借り換え先の銀行に、これまでの銀行の通帳を提出すると、何度か住宅ローンの引き落としが滞っていたことが判明し、低金利融資への借り換え信用審査に落ちてしまった。その

妻に言われるがまま、ピアノや体操、水泳などの習い事や地域のスポーツ活動にも子どもたちを積極的に参加させた。時間があれば、私も付き添った。

父親としての私は、子煩悩で良い父親であったと思う。子どもたちが小さいころは、週末が休みになった際にはよく家族で旅行に出かけた。

平日が忙しかった分、夏と正月には1週間以上の連休を確保し、日本各地の温泉地をめぐった。当時、電通はあちこちに寮（保養所）*を持っていたので、格安で温泉地に静養に出かけることができた。海外旅行にもよく行った。貧しかった幼少期を取り戻すかのようだった。

旅行先へ向かう道中、マイカーを運転しながら私は子どもには答えられないような「いじわる問題」を出した。私の問題がズルければズルいほど、ダマされた子どもたちも妻も笑い転げるのだった。

私は人生の階段を順調にのぼっている。このときはまだそう確信していた。

際にも妻は「また次を探せばいいわ」とまったく無頓着だった。

あちこちに寮（保養所） しかし、2010年ごろまでに、電通はすべての直営の保養地を売却してしまった。

第3章

ビッグプロジェクト

某月某日

主導権争い…「俺は降りるぞ！」

衛星放送のS社が行なう新規事業の広告戦略について競争入札が行なわれることになった。当時、地上波放送が主流だった日本のテレビ業界において、多チャンネル放送を行なう衛星放送・S社が事業を開始するというビッグプロジェクトだった。

競合プレゼン*には、電通を含む10社あまりの広告代理店が参加した。

電通は、社内の大物クリエーター・笹川氏を「クリエイティブディレクター」に据え、社内の先鋭マーケティングプランナーを抜擢したチームを構成した。私は営業担当としてそのチームに所属していた。結果的に、電通チームはプレゼンを勝ち抜き、S社から専任広告代理店として認定された。

さて、ここからいよいよビッグプロジェクトが始まる、と手ぐすねを引いて待ち受けていたわれわれに仕事は回ってこなかった。

競合プレゼン　じつは私は、日本初となる、静止衛星を経由したデジタル多チャンネル放送事業構想の情報をかなり早い段階でつかんでいた。そのため、このS社が設立される前から、私と直属の上司である椎名営業部長は、S社の前身会社にアプローチしていた。この段階で一歩リードしていたといえる。

S社は、大手商社4社が各25％ずつ出資して設立された寄り合い所帯だったのだが、どうやら大手商社4社のあいだで主導権争いが始まってしまったようだった。

動きがないまま1カ月がすぎたころ、われわれのもとに1通のレターが届いた。

〈弊社は、広告コミュニケーションに関する「特別アドバイザー」として、犬養雅夫氏を指名し、契約しました。ついては、犬養氏のオリエンテーションにもとづいて、再度、競合プレゼンテーションを実施し、専任広告代理店様を決定することといたします〉

このレターに電通は騒然となった。私は大手商社から出向していた、S社の広告担当社員・牧野氏に連絡し、詰め寄った。

「われわれ電通がプレゼンを勝ち抜いたのに、なぜやり直すのですか？」

「申し訳ありません。〝上〟のほうで折り合いがつかなかったのです」

クライアントがそうと決めれば、われわれは従うしかないのだが、収まらなかったのは、大物クリエーターの笹川氏だ。

「冗談じゃねえ。なんで俺が犬養のオリエンを受けなきゃならねえんだよ。俺は降りるぞ！」

「特別アドバイザー」に就任した犬養氏は、当時、大手電機メーカーのダジャレCMで名を馳せていた。じつはこの犬養氏と笹川氏は電通の同期入社組で、クリエーターとしてライバルと見なされている存在だったのだ。犬養氏はすでに電通を辞めて独立*していたが、笹川氏にとってみれば、同期入社のライバルの下について仕事をするのは面白くない、ということだったのだろう。宣言どおり、実際に仕事を降りてしまい、あえなく電通のプレゼンチームは瓦解することになった。

こうして、われわれはチームを再編成して、2度目の競合プレゼンに臨むことになった。これが、長い長い苦闘の始まりだった。

電通を辞めて独立
電通の有力クリエーターの独立にはカラクリがある。有力クリエーターが独立の意思を示すと、電通は彼らを囲い込もうとする。独立後3年間は電通からの仕事しか受けないといった内容で、その代わりに電通がクリエーター側に一定程度の仕事を保証する仕組みだ。世に知られる有力クリエーターの多くがこのような契約を結んで独立している。

某月某日 大物セレブ：1人1年1億

2回目の競合プレゼンが開催されることになった。有力な広告代理店に絞り込めばいいものを、大手商社4社間での綱引きがあったのか、参加する会社はまた

もや10社を超えた。電通は、チームを去った笹川氏の代わりに、社内の別の有力クリエイティブディレクターを据え、プレゼンに挑んだ。

電通は再びプレゼンを勝ち抜いて、専任代理店に選ばれた。しかし、S社からひとつだけ条件がついた。

「特別アドバイザー・犬養氏を、クリエイティブディレクターとして起用すること」

この決定は、私たちのチームのクリエイティブディレクターは不要であるということを意味する。彼は、笹川氏に続き、失意のうちにチームを去っていった。

こうして、クライアントの「特別アドバイザー」である犬養氏が、時に利害の不一致も起こりうる広告代理店側の「クリエイティブディレクター」を兼務するいびつなチームが生まれた。S社の開業に向けての広告戦略が迷走の予感を湛《たた》えたまま走り出したのであった。

S社の宣伝担当は、大株主である大手商社から出向してきた、まだ若い牧野氏だった。牧野氏と、特別アドバイザー兼クリエイティブディレクターの犬養氏、私と上司にあたる椎名営業部長の4人による打ち合わせが行なわれた。私たち電通は、競合プレゼン時に提案したタレント起用を含めたクリエイティブ・広告戦略をブラッシュアップしようとしていた。

原案にあった起用タレント名を見た犬養氏が言う。

「これじゃ、小粒ですね」

「小粒でしょうか?」椎名部長が犬養氏の顔をのぞき込む。

「小粒すぎます。私が考えているのはね……」

そう言って立ち上がった犬養氏は、マジックでホワイトボードに殴り書きをした。

《マイケル・ジョーダン

クエンティン・タランティーノ

ナオミ・キャンベル》

いずれも当時のトップスター、各界のセレブリティーである。名前をあげるのは自由だが、予算の管理・調整を行なうのはわれわれだ。いったいいくらかかるのだろうか。

「豪華なメンバーですが、予算の都合がつくかどうか……」私がそう言うと、犬養氏は事もなげにこう言った。

「1人1年1億円。それぞれ3年契約をとってきてください」

「その金額で契約が結べるだろうか」私の隣の椎名部長がつぶやくと、犬養氏が仰々しく目を見開いた。「それがあなたたちの仕事でしょう！」

犬養氏は私と椎名部長を交互に見据えて、「明日、アメリカに飛んでください」*と言い切る。明日から出演契約交渉のためにアメリカに行けというのだ。

「明日ですか？」私が戸惑うと、斜め向かいの牧野氏が加勢した。

「商社では、スーツケースを机のそばに置いていて、今日の午後、海外に出張だと言われてもすぐに対応しますよ。今すぐには無理なんて言わないでくださいね。電通の名が泣きますよ」


その日遅く、家に帰り、妻に告げる。

「明日から海外出張に行くことになったよ」

妻は夜中にもかかわらず、納戸から大きなスーツケースを引っ張り出してきて

明日、アメリカに飛んでください
海外撮影の多いクリエイティブ職や国際業務に関連した部署を除き、海外出張はそれほど多くはない。なお、現在、海外出張時の飛行機は局長以上はビジネスクラス、それ未満はエコノミークラスとなっている。私はある撮影で、女性の局アナとニューヨークへ出張したことがあるが、彼女はファーストクラス、私はエコノミークラスだった。ただ、ディズニー社の某映画の日本公開に携わった際、カリフォルニアのディズニーランドに招待されたのだが、チケットがビジネスクラスであったばかりか、「ワイフも同伴してはいかがでしょうか」と言われた。さすがアメリカの一流企業である。

荷造りを手伝ってくれた。だが、パスポートを確認してみると、なんと有効期限が切れている。また明日、犬養氏と牧野氏から悪しざまに罵《ののし》られるかと思うと、一気に気が重くなっていった。

翌日の打ち合わせで、私は平身低頭してパスポートの期限切れを伝えた。牧野氏が大げさに叫んだ。

「なんですって！　そんなこと商社ならありえない！」

「困ったもんですね。営業マン失格じゃないでしょうかね」

犬養氏も呆れたように、椎名部長に目をやる。

「まあ、いいですよ。いつパスポートを取れるんですか？」

私は、電通のニューヨーク支店に電話し、『Emergency Request US Visa Letter』なる文書をファックスで送ってもらい、それを外務省に提出。結局、「特別措置」として中2日で新たなパスポートを作った。

同時に、私は、電通の担当部局であるクリエーティブ局*にセレブ3名との契約交渉を依頼した。

「こんな金額でできるわけないでしょ」担当部局の答えはNG。金額の低さと交

担当部局であるクリエーティブ局
タレント契約交渉を行なうのは、もっぱらクリエーティブ局であったが、それにライバル心を燃やしたのがスポーツ局であった。スポーツ局は、アスリートの契約などを行なうようになり、実績を積み上げていく。2000年代に入ると、100%子会社「電通キャスティングアンドエンタテインメント」が設立されて、同社がタレント、ス

渉期間の短さの2点で拒絶されたわけだ。私はどうにかスポーツ局の先輩・林田氏から「3人へアプローチできるアメリカ人弁護士」の連絡先を手に入れた。

最初の会議から4日後、私はおぼつかない手がかりを手に、椎名部長とともにアメリカ・ロサンゼルスに向けて飛び立った。

某月某日　話にならん…一筋の光明を頼りに

ハリウッドスターなど、世界のセレブリティーとの広告出演契約というのは、じつのところ、さほど難しいことではない。彼らのエージェントや弁護士たちと交渉し、手順を踏んで契約すればいいだけのことなのである。私の経験上、日本のタレント契約よりも事務的だと思う。だが、そのためには「それなりのギャラ」が必要になる。

1人1億円というのは、いくら露出されるのが日本国内に限った契約とはいえ、当時でもとても高額とはいえない。彼らセレブがこの金額に納得してくれるか不

ポーツ選手、著名人のマネジメント契約を行なうようになる。何か問題が持ちあがった場合、「それは弊社ではなく、子会社の問題」と逃げることができるのである。

安なところもあったが、クエンティン・タランティーノとナオミ・キャンベルは、アメリカ人弁護士を介してのやりとりで、すぐにOKが出た。

われわれに都合のよかったのは、クエンティン・タランティーノが大の日本映画オタクで、彼にとって日本のコマーシャルのオファー自体が名誉*なことだったのだ。また、ナオミ・キャンベルも、久保田利伸の「ラ・ラ・ラ・ラヴソング」でデュエットするなど日本に縁があった。

だが、最後のひとり、マイケル・ジョーダンとの契約は難航した。

オファーを提示してもなかなか返事は戻ってこず、私と椎名部長は毎日、弁護士事務所が入る全面禁煙のオフィスビルへ通い、タバコを吸うためにその都度、エレベーターに乗って1階玄関先の喫煙所と事務所とを往復していた。

シカゴ・ブルズ所属のバリバリのスーパースターだった彼は当時、マクドナルドと年間20億円プラス株のストックオプション行使権という破格の条件で契約していたくらいの大物中の大物。それが、日本限定、年間1億円、3年契約という条件で納得するはずがない。むなしく時間だけが経過していった。

遅々として進まない交渉を知った電通の上司から、椎名部長宛に連絡が入った。

オファー自体が名誉
彼はこのときすでに「レザボア・ドッグス」で注目され始め、「パルプ・フィクション」で世界的な名声を博していた。彼はこのあとも、「キル・ビル」で、日本映画へのオマージュを示した。S社のCMのあとにも、関西デジタルフォンのCMで、憧れのスター・千葉真一と喜びの共演も果たしている。

「そこに居続けても状況は好転しない。早く帰国して、善後策を練るバックアップをしたほうがいい」

だが、椎名部長はこの助言に耳を貸さなかった。

「帰国したら、契約が取れるのか？　ここでもう少し粘ってなんとかするしかないだろう」というのが椎名部長の言い分だった。

滞在が1カ月*ほどしたところで、エージェントからわれわれの弁護士へ朗報が届いた。マイケル・ジョーダンに会えるというのだ。私と椎名部長とアメリカ人弁護士は最後の望みを託して、急遽、エージェントが指定したアリゾナ州フェニックスへと飛んだ。

一筋の光明を頼りにアリゾナに降り立ったわれわれはついにマイケル・ジョーダンに会うことになる。いや、正確にはマイケル・ジョーダンを見ることになる。アリゾナでさらに1週間待たされた挙句、ようやく連絡があり、指定されたホテルに向かうと、マイケル・ジョーダンと代理人がいた。席について数分もしないうちに、交渉は打ち切りになった。「話にならん」というわけだった。

アリゾナでの交渉が不首尾に終わり、肩を落としていた私と椎名部長に、さら

滞在が1カ月
24時間ずっと弁護士事務所に張り付いているわけにもいかないから、毎日のようにステーキハウスに行って夕食を食べ、それに飽きるとタクシーで往復3万円ほどかけてトーランスという町までラーメンを食べに行ったりした。私も椎名部長も遅々として進まない交渉に焦り始めており、夕食が一種の逃避行動だったのだ。

なる悪い知らせが日本から飛び込んできた。

「椎名部長をこのプロジェクトから外すことになりました。これはS社の意向であり、決定事項です」

こうして椎名部長は、私一人をロスに残し、帰国する。のちに知ることになるのだが、これは成果の出ないことに苛立った犬養氏の意向だったという。椎名氏は帰国後、営業部を去り、「営業局付きの部長」という担当を持たない閑職へと追いやられることになるのだった。

結局、「どうしてもマイケル・ジョーダンとの契約*を取れ」と厳命したクリエイティブディレクターの犬養氏があっさりと「もう仕方ないので、チャールズ・バークレーにしましょう」と方針転換したのだった。

バークレーとの交渉は順調に進み、これでアメリカのセレブ3名との契約は済んだ。ようやく本番のCM制作が始まることになる。

マイケル・ジョーダンとの契約
2023年、私は映画「AIR／エア」を観ながら、当時のことを振り返った。映画は、1984年、業績不振だったナイキのバスケットボール部門の立て直しを任されたソニー・ヴァッカロがマイケル・ジョーダンと契約し、「エア・ジョーダン」を生み出すまでの物語である。映画を観て、

某月某日　1晩2000万円：どうしても要りますか？

「ハリウッドのユニバーサル・スタジオには設備が揃っていて、日本で撮影するよりもはるかにコンパクトな予算に収まるんだよ」

犬養氏のアドバイスもあり、ユニバーサル・スタジオを借りての撮影がセッティングされ、撮影はタランティーノが経営していた制作プロダクションに依頼された。

いったん帰国していた私と、犬養氏、牧野氏、そして電通関連の数名のスタッフはハリウッドへ飛び立つことになった。

ところが、出発の直前になり、突如、出発と撮影の1週間延期が通達された。あとで聞いたところによると、犬養氏のパスポートの期限が切れていたのだという。

「あんたもかよ！」私は心の中で叫んだ。この事実は、牧野氏を除くクライアン

私がマイケル・ジョーダンと契約できなかった理由が2つあることを知った。1つはギャラが合わなかったということ。ナイキは、マイケル側の要求「エア・ジョーダン」シューズが一足売れるたびに、売上げ高の25％ものロイヤリティーを支払う契約を結んだ。マイケル側は、そのロイヤリティー収入の多くを、自らの財団が運営するチャリティーに使ったという。もう1つ、電通にはマイケルに訴えかける情熱がなかった。私たちにはナイキのヴァッカロのような情熱が圧倒的に足りなかったのである。

ト一同には「極秘事項」として伏せられることになった。

クリエイティブディレクターはクリエイティブ制作全体を総括する立場であり、CM撮影にあたっては自身とは別に「監督（ディレクター）」を雇うのが一般的だ。しかし、特別アドバイザー兼クリエイティブディレクターの犬養氏は宣言した。

「私が監督したほうがいいものが作れます」

かくして犬養監督のもと、1人目クエンティン・タランティーノのCM撮影がスタートすることになった。

ハリウッドの撮影スタジオでは、犬養氏が振り付けなどを指示しながら撮影が進んでいった。

最初は犬養氏の演出に従っていたタランティーノだったが、演出方法に納得がいかなかったのか、途中から犬養氏の指示に次々とダメ出しをしていくようになった。

そのうち生来の監督魂に火がついてしまったらしく、ついにはタランティーノ自ら振り付けなどをしながら、CM撮影を仕切り始めた。犬養監督などそこにいないかのように、自分で演出やカメラワークに至るまで細々《こまごま》とした指示を始めてしまったのである。撮影スタッフは全員、彼が所有するプロダクションの社員たちである。彼らがタランティーノに従ったのは言うまでもない。

不満そうな顔の犬養氏は、通訳にタランティーノへの文句をまくし立てた。だが、通訳は困ったような表情で首をかしげた。彼の言葉を翻訳しない、という意思表示だった。

犬養氏は観念したのか、ディレクターズチェアに座り、手持ち無沙汰にタランティーノたちの作業*をただただ見守るだけになった。

立て続けに、チャールズ・バークレーの撮影を済ませた私たちはいったん日本へと戻り、1週間後、再びアメリカに飛んだ。いよいよ最後のナオミ・キャンベルの撮影を、夜のユニバーサル・スタジオで行なっていた。

われわれがまず警戒しなくてはならなかったのが、ナオミの遅刻だった。ナオミは恐るべき遅刻癖の持ち主で、仕事に大幅に遅れたという幾多のエピソードが私たちの耳に入っていた。万一の場合を考慮して、われわれは人を雇い、ニュー

タランティーノたちの作業
それにしても、タランティーノの制作プロダクションの手際は素晴らしいものだった。なかでも特筆すべきは、タレントやスタッフに平等に供される食事で、彼らが手配したケータリングサービスは最高だった。温かいままその場で提供される食事は、日本での撮影で食べる弁当とは天と地の違いがあった。

ヨークの彼女の住む高級マンションから空港、そして彼女がロス行きの飛行機に搭乗するところまで尾行させたのだった。

そうまでしてこぎつけた撮影本番。現地に同行していたのは、犬養氏、クリエイティブコーディネーター*の三田村園子氏、電通の子会社・電通テックの社員でプロデューサー（CP）である鍵谷氏、そして私の計4名*である。

昼ごろに始まったナオミ・キャンベルの撮影は夜になろうとしていた。デザインチェアに腰かけたナオミが犬養氏の指示でセリフを繰り返し言わされている。スタジオの隅の椅子に腰かけた私は腕時計に目をやり、貧乏ゆすりをしながら、そのシーンを眺めていた。

ハリウッドでは、撮影が夜の決まった時間をすぎると、全米製作者組合*に属しているスタッフに相当額の残業代を支払わなければならない。ただでさえ費用がかさんでいるのに、これ以上の出費は避けたい私は長引く撮影にイライラとしていたのだ。

そんな私の心中を知ってか知らずか、犬養氏がおもむろに傍にいたCPの鍵谷氏に話しかけた。

クリエイティブコーディネーター
クリエイティブ制作の営業側との窓口になる職務で、スケジュール進行、スタッフィング管理から予算面までクリエイティブディレクターを補佐する役職。犬養氏の面倒を見られるのは、彼女しかいないといわれたほど親密で、それなりの噂があったが、その真偽のほどはわからない。

4名
本来はここにS社の牧野氏と、CMプランナーが来るはずだった。牧野氏は体調を崩して参加できなかった。CMプランナーが来なかった理由はこの時点では定かではな

「月明かりが欲しいな。バルーン、ある？」

「どうしても要りますかね？」

ＣＰの鍵谷氏が心配そうに私に目配せをしながら、犬養氏に聞く。ＣＰの鍵谷氏は、制作の現場の総責任者であり、現場における制作費の予算管理の責任者でもある。多くのクリエイティブディレクターは、とくに大物になればなるほど、予算の管理などしないため、ＣＰは事実上制作予算の全責任者となる。

「そうだね。すぐに頼むよ」犬養氏はこともなげに言う。

「それっていくらするんですか？」

予算が気になって仕方のない私が鍵谷氏に尋ねる。

「１晩、２０００万円です」

私は言葉を失った。

ナオミも含めた全員が待つこと約30分、スタジオの外側に巨大バルーンが運び込まれてきた。スタッフにより手際よくヘリウムガスが吹き込まれると、バルーンはゆっくりとわれわれの頭上に浮かび上がっていった。バルーンのセッティングを待ち、22時をまわるころ、バルーンの下で、ナオミの撮影が再開された。


かったのだが、この撮影の2週間後、彼は覚醒剤所持と使用で逮捕された。すでに警察にマークされていたのだろう。

全米製作者組合
PGA (Producers Guild of America／プロデューサーズ・ギルド・オブ・アメリカ) は、テレビ、映画、その他メディアのプロデューサーによる業界団体。

いずれにしても、こうしてセレブ3名の撮影を終えた私は日本に帰国することになる。さらなる地獄が待っているとも知らず。

某月某日 只今、逃亡中…「もうあなたには会わないでしょう」

後日、完成したナオミ・キャンベルのテレビCM*を編集室で試写した私は目まいがした。その映像内に、「月明かり」は1ミリも感じられなかったからだ。

さらにすべての編集作業が終わり、CPの鍵谷氏から示された制作費の見積書を見て、腰を抜かしそうになった。

制作費の合計は、2億1000万円にのぼっていた。提示されていた予算（これも私からすれば大目に見積もっていた）をなんと6000万円もオーバーしてしまったのである。

「ハリウッドのユニバーサル・スタジオには設備が揃っていて、日本で撮影するよりもはるかにコンパクトな予算に収まるんだよ」と自信満々に語る犬養氏の顔

テレビCM このうちのいくつかは、2024年1月現在、ユーチューブで観ることができる。そのうちの1本は、一刻も早くテレビが観たいタランティーノが荒々しくクルマを運転し、家に転がり込んで、ピザを頬張りながら、S社の放送を観るという内容である。

が浮かんでくる。私にとってまさに想定外の出来事だった。

本来であれば、クリエイティブディレクターの犬養氏は、クリエイティブの責任者として、制作予算についても責任を持たなければならない。大物セレブの出演者を指定したのも、ＣＭ撮影を主導した（そして無意味なバルーンを使用した）のも彼なのだ。

私はまず犬養氏に連絡を取ろうとした。これほどまでの予算オーバーは想定外だったし、Ｓ社側への事情説明も犬養氏の口から行なってもらう必要があると考えたからだ。

ＣＰの鍵谷氏に犬養氏とのアポイントをお願いするものの、「×日は他社のＣＭ編集」「△日は地方に撮影で出張」「□日は終日打ち合わせ」など、あれこれと理由をつけて断られてしまう。

あいだに入っていた鍵谷氏も、犬養氏に連絡がつかない私のことを気の毒に思ったのか、こうささやいた。

「ご愁傷さまです。犬養さんはもうあなたには会わないでしょう。じつは彼との仕事では私も以前、同じような経験をしているのです。いざとなると、自分の責任なんて絶対に認めない人ですから」

だからといって、やすやすと引き下がることはできない。

私は最後の望みを持って、犬養氏のお目付役と言われ、アメリカでの撮影にも同行したクリエイティブコーディネーターの三田村氏に依頼した。彼女は個人的にも犬養氏と親しかったし、バルーン事件の際にも現地にいたので、今回の事情もよくわかっている。

数日後、三田村氏から電話があり、犬養氏の都合の良い日がいくつか提示された。
・深夜3時、五反田の編集スタジオ
・朝4時、東映スタジオで15分間
・日曜朝8時、電通の玄関前から出るロケバス内で出発前5分間だけ
……三田村氏が感情を込めず淡々と告げる候補日を、必死に書き留めようとした私は途中で馬鹿馬鹿しくなって手帳を放り出した。

鍵谷氏の言葉どおり、彼はもう私に会うつもりはないのだった。

某月某日　赤字処理：少しずつマークアップ

私と、椎名部長に替わって就任した橋爪営業部長は相談のうえ、*前述の6000万円の赤字について、S社の宣伝部長に〝ある方法〟を用いての支払いを提案することにした。

撮影・編集した6本のテレビCMのうち1本は会計年度で来期の4月オンエアー（4月納品）となっていたこともあり、予算オーバー分の6000万円を来期予算に計上して支払ってもらえないかと持ちかけたのである。

S社の会議室でこちらの説明を聞いているうちに、宣伝部長の顔が曇っていくのがわかった。説明が終盤に差しかかったところで宣伝部長がさえぎった。

「なんで、おたくは勝手に広告主の財布に手をつっこむんだ？」

「いえ、財布に手をつっこむつもりはございませんで、お支払い方法のご相談をと思い……」

相談のうえ
橋爪営業部長との謀議で、どちらからともなく〝ある方法〟が持ち出された。「これでいくしかないよな」と橋爪部長が言い、私が同意した。「阿吽（あうん）の呼吸」とも「以心伝心」とも「同病相憐れむ」ともいえた。

橋爪部長が必死に取り繕おうとすると、

「それ以上言えば、出入り禁止だ！」

と言い放った。これで、S社の宣伝部長を説得する途は途絶えた。

私たちは善後策を検討した。そして、私たちは「禁じ手」ともいえる、ある回収策をとった。

まず6000万円の赤字分について、いったんS社宛の、CM制作費名目の請求書を発行する。そして、その請求書は1カ月、私の机にしまっておく。月が変わり、次月末の回収期限*が来る前に、次月までのテレビや新聞の広告費のマークアップ*（水増し）を行なう。

つまり、その月の2000万円のテレビ広告費と1000万円の新聞広告費を、それぞれ3000万円と1500万円としてS社に請求するのである。

「広告制作費」の見積もりを細かく見るクライアントでさえ、メディアごとに異なる「メディア料金」の妥当性は見逃しがちである。なぜなら「メディア料金」は、媒体によっても違うし、季節や需給に応じても変動する実勢価格だからだ。

私たちはS社への広告料金を少しずつ、いや結構大胆にマークアップして請求

回収期限
電通は基本的に、クライアント宛では、納品の当月末請求、翌月末現金払いを要請している。にもかかわらず電通からメディア各社や制作プロダクションへの支払いは90日後手形であることが多かった。

マークアップ
この手法がクライアントにバレたことは、私が知

し、その月ごとに赤字分を経理上、解消し、半年あまりで6000万円におよぶ赤字すべてを取り戻したのだった。

　その後、犬養氏はS社から「特別アドバイザー」に任じられた際、S社と年額数千万円に及ぶ「コンサルタント契約」を結んでいた事実が判明する。つまり、犬養氏はこのプロジェクト単体だけではなく、S社の業務全般におけるコンサルティングまで行なっていたわけだ。

　ここまで来ると、もはや私の犬養氏に対する恨みつらみは消えた。われわれは赤字分を取り戻したのだから、もうどうでもよかった。私は犬養氏を子どもなのだと割り切るようになった。大人が忘れた純粋さを持ち、気に入らないことがあるとぐずぐずとすねる子どもなのだ。

某月某日　**ジャニーズ事務所**：クライアントに見せる前に

私は営業として、S社の開局キャンペーンを担当して4年目を迎えようとして

る限りない。日本のクライアントのほとんどは、電通に対して、「メディア各社からの請求書を開示してほしい」とは言わない。外資系スポンサーがそういう要求をしてくることもあったが、一部の例外をのぞき、原則的にはお断りしている。

いた。S社の広告宣伝は難しかった。というのも民放各社は、「S社のCMは引き受けてもいいが、放送番組自体の番組宣伝を行なってはならない」という申し合わせを行なっていたらしい（衛星放送やネットの番宣をバンバンやっている今日では考えられない）。民放会社は当時それほどまでにS社を警戒していたのだ。

電通も民放各社の意向にしたがっていたのだが、現場の担当営業としては、その圧力に抵抗する強力な広告コミュニケーションの実現を目指した。

前述の海外セレブを起用したCMのあとも、舛添要一、長嶋一茂、増田明美、コシノジュンコ、具志堅用高といった異色の面々を起用し、メインキャラクターの松田聖子と共演させる広告を制作した。広告キャンペーンは着実な成果を上げ、S社は家電量販店を通じて、同社のチューナーとパラボラアンテナ*の販売を推進し、視聴契約数を順調に伸ばしていた。

次なる広告戦略を練っていた電通に、S社からの指示が届いた。

「ジャニーズ事務所の誰かと契約してほしい」

「ジャニーズ事務所の誰か」、つまりジャニーズのタレントなら誰でもいいという、なんともあいまいな依頼であった。

チューナーとパラボラアンテナ
今日では、BS／CSチューナーはテレビに内蔵されるようになり、ケーブルテレビと契約することの多い大規模マンションなどではパラボラアンテナは不要となっている。

私はそれまでジャニーズ事務所のタレントと仕事をしたことはなかった。Ｓ社にとってジャニーズタレントの起用がどうプラスになるか、営業マンとしては疑念を抱きつつも、面白くなりそうだという勘もあった。

Ｓ社と電通のクリエイティブディレクターをはじめとする私たちのチームは相談のうえ、当時、人気絶頂を迎えていた国民的アイドルグループのリーダー・Ｎ君に白羽の矢を立てた。

しかし、ジャニーズ事務所サイドは、Ｓ社と民放各社との関係に懸念を示した。前述のとおりＳ社は民放各社から目の敵のように扱われていた。民放各社が警戒するＳ社と契約するとなると、契約するタレント側にもリスクがある。ジャニーズ事務所もすぐにはＯＫを出せなかったのだろう。

そもそもジャニーズ事務所のタレントとの契約にはいくつかの難しさがある。

１つ目は契約料の高さである。当時、Ｎ君の契約料は年間８０００万円。ムービーとグラフィックの撮影に関しては、別途、そのつど出演料を支払う契約＊で、ムービーの撮影１日１回あたりいくら、グラフィック１日１回あたりいくらと細かな条件が含まれていた。

そのつど出演料を支払う契約
新しい企画の撮影をするたびに出演料が追加されていく。出演料についてのこうした支払い契約は一般的だが、ジャニーズの場合はその額が相場の２〜３倍であった。

2つ目は、撮影スケジュールと段取り（撮影日時や撮影場所、拘束時間の調整など）である。ジャニーズ事務所のタレントの拘束可能時間はとても短いうえ、日取りが難しい。忙しすぎてスケジュールが押さえられないのだ。

そして、3つ目、最大の難関が企画内容の事前承認*である。タレントイメージを保護するためのマネジメントで、どんなに面白い企画でも事務所サイドのOKが出なければ、企画はお蔵入り*となる。通常はまずクライアントに企画内容を提案し、了承を得てから、タレント側に提示する。ところが、ジャニーズの場合は、事務所側に内容の了承を得た企画だけが、クライアントに提案されるのだ。

このとき、私たちが交渉した人物こそが、のちに独立騒動で話題になる、アイドルグループのチーフマネージャー・I氏である。このI氏こそが「難関」の守護神そのものであった。

N君との広告出演契約にあたり、実際にI氏と交渉したのは電通クリエーティブ局のディレクター・城ケ崎氏である。

通常、企画案のやりとりは契約の締結後だが、ジャニーズは特別だ。

「試しにどんな企画が想定されるのか見せて」

企画内容の事前承認
通常、テレビCMの場合、8コマ漫画のような「企画コンテ」を描いて、クライアントへのプレゼンを通し、タレント側の了解も取ってから撮影に入る。ジャニーズ事務所のタレントの場合、この企画コンテの事前承認がなかなか難しいのである。さらにグラフィック広告においても、企画から撮影のアングル、写真の仕上がりまで逐一細かな承認が必要になる。

企画はお蔵入り
撮影の途中で内容をアレンジをしていくことはよくある。しかし、ジャニーズとの関係では、企

　Ｉ氏の一声で、私たちは企画コンテ案５本を提出した。

　すると、深夜１時に某スタジオにいるというＩ氏から、城ケ崎氏の携帯電話に着信があった。

「企画コンテのうち、Ｂ案からＥ案まではすべて却下です」

「なぜでしょう？」と城ケ崎氏が問うと、「Ｎのイメージじゃないからよ」。

　お願いするわれわれと、お願いされるジャニーズ事務所の力関係は歴然だ。ジャニーズ事務所がそう言えば、議論の余地はない。

「別案を考え直して、明日中に撮影スタジオまでお届けにあがります！　なにとぞご契約をご検討のほど！」

　こんなやりとりを経て、私たちはようやくＮ君との３年契約にこぎつけた。

　その後、私はＳ社のＣＭ撮影スタジオでＮ君を初めて見た。いたってフランクな好青年だった。監督の演出指示に素直にうなずいていた。スタジオの一角にはディレクターズチェアに腕組みして座るＩ氏がいた。

　私たちはＩ氏から事前に申し渡されていた。

「編集ブイは、クライアントに見せる前に、私に見せてちょうだいね」


画の承認が厳格に求められる。クリエイティブの企画がすんなりとは通らない。ジャニーズ以外でも、「衣装が気に入らない」「設定に必然性がない」「セリフの言い回しがイヤ」などなど、タレントからの要望は多い。われわれ代理店は彼らの機嫌を損ねて、企画が「お蔵入り」にならないようにヒヤヒヤものである。

「もちろん、そのあたりのしきたり*はうかがっております」

「クライアントがＯＫ出したってダメよ。私がＯＫ出さないと使えませんからね」

クライアントより、電通より強いのは、ジャニーズ事務所なのであった。

某月某日　**薬物好き**：コーディネーターは×××で決める

「ええっ！」出社してデスクで新聞をめくっていた私は思わず声を出した。

新聞の社会面には、私の同期である田所が大麻所持の疑いで逮捕されたと書かれていた。田所は深夜、都内でクルマを運転中、路上検問に引っかかり、トランクから大麻草が見つかったという。

さっそくその日の社内のイントラネットに、田所の懲戒解雇が掲示された。その理由は記載されていなかった。新聞報道がされているというのに人事局も間抜けなことをするものである。

しきたり
ジャニーズに限らず、有名タレントとの仕事では往々にして特殊なしきたりがある。あるＣＭ撮影時のこと、出演する有名女性タレントの扱いについて、先達から注意事項を言い渡された。「1、楽屋には生花をいけておくこと。ただバラの匂い

田所はセールスプロモーション局で働いていた。仕事ぶりはどうということもなかったようだが、派手な生活をしていることは社内でも知られていた。彼は、関西地方を地盤とする代議士の子息*だった。大麻草が発見されたのも高級外車だったらしい。

田所の懲戒解雇の報を知った隣席の先輩が「福永ぁ〜、××年（私と田所の入社年次）組はずいぶんと不作だな。出来の悪いやつと犯罪者しかいないじゃねーか」と大声で皮肉を言った。

田所の事件のすぐあとにも、経団連事務総長の息子が、やはり大麻の所持で逮捕され、電通をクビになった。電通には、薬物好きが多いのか、コネ入社が多いのかわからなくなってくる。たぶん、どちらも多いということなのだろう。

いい子ぶるわけではないが、私は薬物を使用したことはない。それでも、電通社員が薬物を入手しやすい環境にあったのは間違いない。前述した衛星放送・S社の営業担当時代には、CMプランナーが覚醒剤を使用して、逮捕されている。

クリエーティブ局の先輩・小野寺さんとバーで飲んでいたときだ。

「クリエイティブの連中がなんで海外ロケが好きか知っているか？」

は厳禁。2、弁当は和・洋・中の3種類を用意。なお白米だけのものも用意しておくこと。3、楽屋に写真週刊誌を置いてはいけない…」

代議士の子息
彼の父親は、和歌山県選挙区選出の衆議院議員であった。罪深いことに、田所は自分がクビになったばかりか、公人であった父親まで議員辞職に追いやってしまった。

「『空気感』が違うなんて、彼らはよく言いますよね。じめっとした日本と、スカッとしたハワイやカリフォルニアじゃ、たしかに空気は違いますけどね」

小野寺さんが笑いながら言う。

「彼らが欲しているのは『空気感』じゃない。スピリチュアルとマリファナだよ。カリフォルニアの映画スタジオや海岸べりに行きゃ、すぐ手に入るってわけさ」

あえて聞かないが、小野寺さんもそのお仲間だろう。

「俺の後輩に、現地のコーディネーターは質の良いマリファナの調達力で決める、ってやつがいるよ」

酒のせいで小野寺さんの口は滑らかだった。

「ナマの葉っぱは電気炊飯器で乾燥させるのがいちばんいいらしいんだよ。俺の後輩のところに緊急連絡網の電話が来て、『今すぐ炊飯器の葉っぱをトイレに流せ!』って。で、持っていた葉っぱをもったいないと思いながらトイレに流したら、次の日に警察が踏み込んできて、間一髪セーフっていう笑い話がある」

ちなみに、かつての電通は自社スキャンダルを握りつぶす力*を持っていた。

たとえば、前述の、衛星放送・S社担当のCMプランナーが覚醒剤で捕まった

*自社スキャンダルを握りつぶす力

一件はどこのメディアでもいっさい報じられなかった。「S社担当の電通CMプランナー、覚醒剤で逮捕」なんて見出しが載ってしまったら、同社の扱いを失いかねないから、電通も必死である。

実際にその一件のあと、私は上層部から指示された。

「地方紙の広告スペースをただで提供するから〝得意（クライアント）〟に伝えてこいよ」

つまり、電通の「お願い」どおり記事掲載をしなかった御礼に、地方紙に広告を提供したのである。メディア側にすれば、広告を取ってくる電通はお得意さまだ。余計なことをしてお得意さまを怒らせたくないのは道理だろう。

しかし、2024年現在、電通にはもうそんな力はない。新聞や雑誌の広告をタダで提供する資金力が衰えてきたし、メディアのほうでも電通に対する忖度を排するように成熟してきた。そして何より噂がSNSで拡散されてしまえば、もはや止めようがない時代になったのである。

ある電通社員が出勤途中、電車内で痴漢を働いたとして警察に身柄を拘束された。その日のうちに噂が社内に広がった。だが、彼は翌日の朝、何事もなかったかのように出社し、事件は新聞報道もされなかった。彼の父親は裁判官だったのである。示談が成立したこともあるが、父親は日ごろから懇意の検察に話をつけ、同時に電通からテレビ局、新聞社にも手を回させたのだろう。

某月某日 **視聴率**：水もの、魔物

テレビの視聴率を調査している会社をご存じだろう。株式会社ビデオリサーチだ。テレビの視聴率が出るたびにその名前が出るため、いまでは一般にまで知られるようになった。

同社は、テレビの視聴率やラジオの聴取率を調査して、放送局、広告代理店に販売しているだけではなく、インターネットの使用状況調査から、日本最大の同一調査パネルを使用した各種消費者調査までを行ない、その蓄積されたデータを、さまざまに加工して提供・販売している。そのデータは、広告代理店にとって、ほとんど唯一*のベンチマークデータである。このデータをめぐってわれわれは一喜一憂するのである。

私はかつて映画会社・N社を担当していた。この会社は、メールボーイからの叩き上げという伝説の名物宣伝部長・今泉氏が独裁者*として君臨していた。

ほとんど唯一
かつてはアメリカのニールセン社が日本にも拠点を構え、視聴率調査やサービス提供を行なっていた。しかし、同社は、何年も前に視聴率調査事業から撤退してしまった結果、ビデオリサーチは唯一かつ絶対的なデータを有する怪物的な会社となったのである（2024年現在では、スイッチメディア、インテージ、マクロミルなども視聴率調査を行なっている）。電通はビデオリサーチの株式の34・2％を所有す

今泉宣伝部長から電話がかかってきた。

「おいっ、今回の『放送確認書』見たぞ。F1が足りないスポットが30本中に3本もあるじゃねーか！」

名前も名乗らずに突然怒鳴りつける。相当にご立腹の様子だ。今泉氏が言うのは、N社が実施した新作映画のスポットCMにおいて、F1層*の個人視聴率が足りていないということだ。

通常、広告代理店は、テレビスポットCMのセールスの前段階で、世帯や個人の総視聴率を仮保証する。見積もりの段階では番組視聴率はわからないため、その時間帯の前4週間の平均視聴率を計算の元として、たとえば1500GRP*とか2000GRPといったトータルの視聴率を仮に保証するのだ。そして、実際、視聴率はおおむね見積もり時の数字を獲得することになる。

慌てて手元にある「放送確認書」をめくってみる。たしかにF1層の個人視聴率*が、仮保証したものに少しだけ足りていない。

「本当だ……。申し訳ありません」

通常、仮の保証の9割が達成されれば許容範囲で、まず文句を言ってくるクラ

る最大株主で、ビデオリサーチは電通の「持分法適用関連会社」。現在のビデオリサーチの社長は、電通の役員を退任して天下ってきた人物である。

独裁者
長年、アメリカの本社から、アメリカ映画を日本で公開する際の邦題をつける権利を認められていた。また、噂では、ジョージ・ルーカスからも信頼を得ていて、「スター・ウォーズ」の日本公開にあたって、映画館で売る「スター・ウォーズ」グッズの販売権も個人で保有しているとされた。

F1層
広告・放送業界のマーケティング用語で、「F1」＝20～34歳の女性、「F2」＝35～49歳の女性、「F3」＝50歳以上の女性を指す。F1層は美容

イアントはいない。それほどテレビの視聴率は予測が難しいのだ。ところが、今泉部長は仮保証を少しでも下回るなというのだ。

「すっとぼけんじゃねーよ。追告《おいこく》補償しろよ！」

「追告」とは、映画の封切り後に追加で打つ広告のことで、今泉氏は今回足りなかった視聴率分を封切後にタダで追告して補うように求めてきたのだ。

電話口でがなり立てる今泉氏に、「社内で検討しますので、少しお待ちください」と告げて電話を切る。

「（電通）テレビ局」のスポット広告担当の元へ向かう。担当者は私よりも5つ下の赤池だ。

「N社のスポットCM、見積もりとくらべて、日テレ実施分のF1の獲得視聴率が3本未達成だった。N社から補償を求められているんだけど」

「先輩、冗談言っちゃいけませんよ。視聴率なんて移ろうものなんですよ。それにうちらは視聴率なんて保証する商売もしていません。営業さんが勝手に決めてきたんでしょう?」

赤池の言うとおり、テレビ局も広告代理店も、「獲得視聴率の総計であるGR

やスキルアップなどにお金をかけることを惜しまず、消費意欲が強く、新しいトレンドにも敏感なため、企業のターゲット層となる。一方で一番テレビを見ない、つまり広告との接触が難しい層でもある。それゆえF1層が視聴する番組は広告料金が高くなるのである。

GRP
グロス・レイティング・ポイントのことで、テレビスポットCMの総獲得視聴率を表す。その視聴率1%あたりのコストをパーコストという。したがってパーコスト×GRPが、テレビスポットCMの料金となる。

個人視聴率
視聴率には、世帯ごとで視聴率を計測する「世帯視聴率」と、個人ごとに視聴率を計測する「個人

P」や「1本当たりの個人視聴率」を保証などしていない。視聴率は水もので、確約などしようがないからだ。

ところが、クライアントの一部には、叩き上げの苦労人・今泉部長のように、広告に異常に詳しい（あるいは厳しい）担当者がいて、見積もり段階で広告代理店に1本当たりの個人視聴率の保証を求める人もいるのである。こういうときだけ居丈高な赤池にイラッと来るが、あくまでもこちらはお願いする立場。ここは腰を低くするしかない。

「まあ、そう言わずに頼むよ」

営業局と「（電通）テレビ局」の力関係は微妙だ。一部の「意識の高い（＝面倒くさい）」クライアント（外資系企業が多い）に対して、営業局は視聴率の保証をしてCM枠を売る。一方の「（電通）テレビ局」と放送局は、「視聴率は約束できない」という立場を崩さない。視聴率が不足するたびに補っていれば、その分、売り物（広告枠）が減ってしまう。* 将来の広告枠をクライアントに差し出すことはできないというわけである。

「いや、ダメです。できません」

視聴率」がある。「世帯視聴率」は調査世帯のうち、テレビを視聴している世帯から視聴率を割り出すのに対し、「個人視聴率」は、世帯内で「何歳の、誰が」テレビを視聴していたかを示す推定値で、「個人ごと」に視聴を捉えるため、性別・年齢などのデータが取得できる。以前は世帯視聴率が主流だったが、現在は個人視聴率が一般的な計測方法になっている。

売り物（広告枠）が減ってしまう
日本民間放送連盟（民放連）では、1週間におけるCM総量を、総放送時間の18％以内という基準を定めている。19〜23時のプライムタイムの番組内では、番組の長さにより規定があり、60分番組では20％の12分、30秒CMで24本程度が「売り物」となる。

ふだんは快活な好青年である赤池も、このときばかりは一歩も引かない。ここで引き下がれば、赤池は「（電通）テレビ局」内で上司にどやされるに決まっているからだ。

「来月公開のN社の大作のチケットをペアであげるからさあ」

私も赤池をなんとか懐柔にかかる。

「先輩、そんなんで買収するんですか」

「そういうわけじゃないけど、今回だけなんとか頼むよ。このとおり」

結局、私はその場で3時間、粘った。

私はN社の次回作において、テレビスポット広告で、日テレを関東エリア内シェア1位にすることを条件として提示*し、赤池もしぶしぶといった態《てい》でスポット枠3本の補償を日テレから出させることに了承した。

テレビ視聴率は「水もの」とも「魔物」ともいわれる。

テレビ局の収益は、獲得視聴率と直結している。だから、テレビ局は他局との視聴率競争に躍起となるのだ。そして、どれだけの視聴率が獲得できるかは、コ

条件として提示
N社から次回作のテレビスポットCMについて「1500GRP」といった依頼が来たとする。基本的にはこれを（関東圏では）日テレ、TBS、フジ、テレ朝、テレ東に振り分けるのだが、営業担当者のさじ加減でなん

ンテンツの良し悪しにかかっている。視聴率の安定したバラエティー枠は長寿番組となっていくし、新しく始まったドラマの視聴率が低ければ、予定を前倒しして物語が唐突に終了することだってある。視聴率が「魔物」と言われる所以《ゆえん》である。

私には苦い思い出がある。

私は某企業のオーナー社長に、新しく始まるバラエティー番組のスポンサードを持ちかけた。というのも、その社長は、番組ＭＣを務める往年のアイドルタレントが大好きだということを知っていたからだ。金額が大きくなかったこともあり、社長は番組提供を即決してくれた。ところが、蓋を開けてみると困ったことになった。番組の視聴率が低迷し、時には＊印がつく回まで出てきた。要するに0・1％以下で視聴率の数字が出ないのである。

こういうとき、テレビ局の編成の対策は早い。ＭＣを売り出し中の若手芸人に差し替えようとした。それを知った私は、すぐに「(電通)テレビ局」の担当者に文句を言いに行った。

「これじゃあ、クライアントが提供降りちゃうよ」

とでもなる。たとえば「日テレはワイドショーでの無料パブリシティー5本つけてくれます」などと言えば（ＴＢＳとフジも同条件を提示していたとしてもそれは当然伏せておく）、クライアントの誘導は簡単だ。

「先輩、この業界で何年メシ食ってるんです。編成権が局にあるのは当然でしょう」

「そんなことわかっちゃいるけど、1クール（3カ月）提供契約を途中で降りちゃうかもしれないよ」

「そのときは営業さんが自腹切るもんでしょ」

私の懇願は無視され、往年のアイドルタレントは番組を降板した。案の定、クライアントの社長は立腹した。最初の約束と違うのだから、当然だろう。私のところに怒りの連絡があり、謝罪に赴いた。

だが、彼は契約に反してスポンサーを途中で降りるほど、子どもではなかった。「アイドルMCが替わったからスポンサーを降りる」というのは彼のプライドが許さなかったのかもしれない。代わりに私は、それ以降も何度となく彼に呼び出され、「約束破り」についての愚痴と説教を喰らわされた。時に、酒席で延々と朝まで説教されたことがある。約束破りの代償は大きいのだ。

フジテレビは、かつて世帯視聴率が非常に高かった。さらに獲得するのが難しいとされる「F1」層の個人視聴率がダントツに高かった。当然、フジテレビのスポット広告料金は他局にくらべて高くなる。良い例が「月9」、月曜日の夜9時から始まるトレンディドラマで、そのスポット広告枠はバカ高いにもかかわらず争奪戦*になった。

ところが、時代は変わった。ビデオリサーチ提供の、2023年3月期（2022年4月～2023年3月）における主要局の世帯視聴率は、テレビ朝日の一人勝ちで、ついで日本テレビ、TBS、フジテレビ、テレビ東京の順である。

栄枯盛衰とはよくいったもので、テレビ局や会社組織に限らず、人や人生もまた——。

ネット広告がテレビ広告を超え、2021年にはついにマスコミ4媒体（テレビ、新聞、雑誌、ラジオ）の広告費すら上回った。しかし、ネット広告には「人員と手間」がかかる。それにくらべてテレビ広告は1発あたりの単価がズバ抜けて高い。100人がかりでやったネット広告の売上げを、（電通）テレビ局員が1人で1分もかからず達成することもある。

第4章 クライアントにバレてはいけない

某月某日　僕とキミだけの秘密：そして出向

ある日、私はS損保の宣伝部長である大岡氏と「レスポンス率をどう向上させていくか」の戦略について意見交換していた。

レスポンス*とは、通販業界でいう「反応」で、具体的には通販広告に対する電話の本数やネットでの検索とクリック数のことだ。広告1回、あるいは広告費用あたりの反応が高ければ、広告の表現やタイミングが良いということになる。これをどう高めるかがクライアントと代理店双方にとって重要なテーマ*であり、レスポンスを分析しながら、次なるダイレクトマーケティング戦略、広告表現や広告出稿のタイミングと費用のプランニングが日々行なわれていく。

爬虫類のような目をした大岡氏は粘着質な性格の持ち主であった。そのねちっこさは、通販広告の責任者としては相応しい持ち味でもあった。

私との議論に行き詰まりを感じたのか、大岡氏は不意に「ちょっと待って」と

レスポンス
通販業界でのレスポンスは「命の次に大切なもの」である。レスポンスを効率よく獲得することは会社の業績に直結する。通販会社にとって、レスポンス獲得のためのノウハウは門外不出の重要機密なのである。

重要なテーマ
新規クライアントの通販広告を担当した営業担当者は、初めて新聞広告を出した日にプロダクショ

言って席を外すと、バックヤードから紙袋４つほどの資料を抱えて戻ってきた。私の顔をうかがいニタニタと笑いながら、袋の中から紙の束を取り出す。

「これ、内緒なんだけど、持ってきちゃったんだよ」

いたずらっ子が友だちに悪知恵でもさずけるかのような笑顔だった。

袋から出てきたのは、彼がＳ損保に転職してくる前に勤めていた外資系ダイレクト損保会社Ａ社の、電話レスポンスに関わる資料だった。

「Ａ社の極秘資料。うちの社長にさえ明かしていない僕の武器。これを電通に持って帰って分析してもらって、レスポンス向上戦略理論みたいなものをまとめてくれる？　僕とキミだけの秘密としてさ」

ざっと見ただけでも、本人が言うとおり、Ａ社の電話レスポンスに関わる詳細なデータだということがわかった。こうしたデータは、保険に限らず、すべての通販ビジネスにとって命ともいうべき重要かつ極秘のものであり、社外に持ち出されることなど、あってはならない。会社の機密情報の持ち出しはビジネス上の禁じ手で、情報を売却してお金を得たり、転職先に営業情報を漏洩させて自分の評価を上げれば、いずれの場合も罪に問われる犯罪行為である。新社会人ならい

ンなど関係者に頼み込んでフリーダイヤルに電話をかけさせたという。彼はそうまでしてクライアントに、自らが主導した広告が効いていることを証明したかったのだ。

ざ知らず、S損保の宣伝部長ともあろうものが、そんなことを知らないはずがない。なにが「僕とキミだけの秘密」だ。瞬間的に頭に血がのぼった。

「なんてことをしたんだ。それは犯罪だ！」

敬語も忘れて、そう叫んだ。私の怒号は会議室の外にまで聞こえたかもしれない。大岡氏の顔から笑いが消えた。楽しいいたずらを持ちかけたら、逆に怒られてしまった子どものように口をぱくぱくさせたまま唖然としている。

「あんた、盗っ人なのか！　俺は犯罪の片棒を担ぐつもりはありませんよ」

そう言って私は怒りのままにS損保の会議室を飛び出した。


翌日、出社した私は、三ツ沢営業局長から呼ばれた。

「福永、おまえ、S損保の大岡部長に何を言ったんだ？」

「大岡さんから聞いてないんですか？」

「何をだ？　ただ、クライアントのやり方を、おまえごときがどうこうする資格はないぞ」

大岡氏が三ツ沢局長に何をどう伝えたかはわからない。なにしろ事は犯罪行為である。私は三ツ沢局長になんと答えればいいのか逡巡《しゅんじゅん》して、口ごもった。

すると、三ツ沢営業局長は、玄関のドアをノックするかのように、私のおでこを中指でコツコツとこづいた。

「ハロー、エニバディ・ホーム？＊　ふざけんなよ。クライアントは神さまだ。くだらねえ正義感を振りかざすな。来年まで黙ってりゃ、そんなもん時効で無罪放免だ。しばらく謹慎しろ。追って沙汰を申し渡す」

なんだ、三ツ沢局長も全部知っているのか。あきらめと失望が入り混じり、脱力していた。

私はその日のうちに、S損保の担当を外され、事実上の謹慎処分となった。

いったい、何が犯罪で、何が時効になって、何が無罪放免となるんだ、バカバカしい！

その数日後、私の携帯電話が鳴った。私と一緒に衛星放送・S社の営業を担当し、今ではCC局＊（コーポレートコミュニケーション局）で社内外への広報活動を担当している後輩からだった。

ハロー、エニバディ・ホーム？
Hello? Anybody home?「頭の中はお留守ですか？」というような意味。映画「バック・トゥ・ザ・フューチャー」でビフ・タネンがツッコミとしてよく用いた。

CC局
社内外への広報活動を担う部署。2019年7月1日付で「広報局」に改称された。

「先輩、本当ですか？」

「なんのこと？」

「今、CC局のプリンターから、来月の人事異動がプリントアウトされているのを見ちゃったんですけど、先輩、来月、F社へ出向だって」

「なんだって！」

こんなかたちで自身の処遇を知らされることになろうとは……。

F社は、電機メーカー・S社と電通の合弁による小さな広告代理店である。F社設立の背景には裏話がある。もともとS社の大物社長・井出氏が、ある広告代理店を買収した。ところが、S社には代理店を経営する知識も技量もなく、代理店は赤字を出し続けた。困った井出氏は電通に泣きついて、その会社の株式の一部を電通に持たせて合弁会社とした。これがF社誕生の経緯だった。

電通との合弁会社とすればなんとかなるという井出氏の思惑は外れ続け、F社は自立することができないまま、S社と電通双方にとってお荷物となっていた。そんなお荷物会社への出向とは、まぎれもない左遷であった。

私は、咄嗟に三ツ沢営業局長の個室に飛び込んだ。

「私の異動は、大岡さんの諫言《かんげん》によるものなんですか？」

「異動？　なんで知ってるの？　まだ発表してないのに」

「情報の出所は言えません。それに、来月1日付けっていうのは、内示の2週間前ルールに反していませんか？」

「そんなルール、俺には通じねぇんだよ」

じつはちょうどこのとき、三ツ沢営業局長は、営業局内で私よりも入社年次が遅い子飼いの後輩を営業部長に昇格させようとしていた。電通内において「部長」は一般的な会社でいう「係長」とか「課長」に該当する最初の管理職位である。当時の私もまた「営業部長」に昇格する適齢期*であった。社内的に、入社年次が早い私を飛び越えて後輩を昇格させるのにはそれなりの理由が必要になる。三ツ沢局長にとってはその点でも私の存在が邪魔だったのだ。

また、年間の売上げが40億円を超えていた、通販会社の雄・J社を抱えさせたまま私をF社に出向させることで、F社を黒字に転換させられる。

三ツ沢営業局長にしてみれば、S損保の宣伝部長と私とのトラブルは都合がよかったのだ*。邪魔な私を追い出し、万年赤字のF社を救うことで営業局内にもS

適齢期
じつはこの当時が電通マンとしての私の年収のピークで、額面で1900万円になった。ちなみに電通は、管理職になると残業代がつかなくなるうえ、平社員よりもボーナス支給額が減るという不思議な給与体系である。

都合がよかった
三ツ沢局長はこの2年後、無事に電通の取締役に出世した。

社にも良い顔ができる、一挙両得な話であったのだから。

某月某日 ラグジュアリーブランド：詰め腹を切る

２０２４年現在、電通において、子会社や関連会社への出向は誇らしいことでキャリアパスを高めることにもなるのだが、Ｆ社への出向を「左遷」とみなした私は落ち込んだ。

Ｆ社の社内にも、電通から出向してきた私を歓迎していない雰囲気が漂った。表面上は大人としてふつうに接していても、よそよそしい雰囲気は一瞬で悟る。Ｆ社には、これまでも電通からもＳ社からも何人もの出向者がやってきただろう。天下りのようにやってきて管理職になり、ろくに仕事もしないで数年で戻っていく。そんな人間が歓迎されるはずもないのである。

だからこそ、電通からやってきたものとして、落ち込むそぶりを見せるわけにはいかなかった。周囲の人たちにも過剰なほどの意欲を見せつつ、電通にいたと

き以上にＪ社の仕事に邁進した。Ｊ社の取引金額はさらに増額し、成果につながった。

だが、心の奥底に虚しさを抱えたまま、外面だけでバリバリと仕事をこなしていた私の心は軋《きし》み、知らず知らずのうちにストレスが蓄積されていく。いつのまにか、アルコールへの依存度を高めることになっていくのである。

私はもともと電通内でも自他ともに認める酒好きであった。飲む頻度も飲む量も多かった。若いころからクライアントとも同僚ともよく飲んだ。それでもきちんと自制はきいていて、飲む日と飲まない日を区分けしていた。

だが、Ｆ社への出向後、明らかに毎日の酒量が増えた。以前なら「これで最後」とすっきりと終われていたのが、「もう一杯」「あとちょっと」と際限がなくなっていった。酒がやめられないのだ。

さらに、土曜日と日曜日には、妻や家族の目を盗んで、朝からウイスキー*を口にするようになっていた。

私の周囲では、電通内の２人の先輩がアルコール中毒で亡くなっていた。一人は毎日、土気色の顔をして出社し、肝硬変であることを隠そうともしなかった。

朝からウイスキー
「目を盗んで」いたものの、酒臭さで彼らは気づいていただろう。子どもたちの運動会を見に行く前ですら、私は酒を飲んでいた。完全なアルコール依存症である。

もう一人は毎日、5時半きっかりに都内某所のバーカウンターに座って、白角のハイボールをあおっていた。2人には共通の口癖があった。

「俺は、酒やめないよ」

そして、彼らは現役の電通社員のままで死んだのだった。酒を飲むたびに、先輩方の顔がちらついた。

F社に出向した私は毎晩のように、あろうことか2人の先輩たちが座っていた、そのバーカウンターでウイスキーをあおるようになっていた。

出向先のF社でJ社の業務に励んでいた私に、F社常務取締役の宇田川氏が声をかけてきた。宇田川常務は、電通の本流ではなく、子会社や関連会社を渡り歩きながら局長職まで出世した異色の経歴*の持ち主であった。彼は「秘密の話だ」と告げ、個室の執務室に私を招き入れた。

「じつはB社（大手外車メーカー）がメディアピッチ*をやる。それにあたり、キミを明日付けでB社担当とする」

寝耳に水の通達だった。

異色の経歴
彼は電通内で「隣のフェアウェイを歩いてきた男」という異名をとっていた。ゴルフで隣のコースにボールを打ち続けるように、つねに子会社や関連会社でキャリアを重ねてきたという意味だった。当時の電通では、子会社や関連会社に出向となると、出世のメインストリームから外されたとみなされることが多かったのだが、宇田川氏はF社に出向後、着実に成果を上げて、異例なかたちで出世していった。

メディアピッチ
一部の外資系企業は「競合ピッチ」を行なうことがままある。契約期間が長く、契約金額も膨大なものになるため、広告代理店各社は血眼になって

「J社はどうするんですか?」

「構わない。今のうちにはラグジュアリーブランドが必要だ」

広告代理店にとって最重要はクライアントからの利益である。しかし、同様にクライアントの「格」も外すことはできない。

クライアントの「格」とは何か? ブランド力である。世界的に名の知られた会社、世界的に売上げ規模の大きな会社、伝統ある老舗会社……。それは「ラグジュアリー」なブランドであり、そうした会社の広告を扱うことが広告代理店の「格」にもつながるのだ。ロレックス、グッチ、そしてベンツやポルシェ。日本人の憧れのブランドは、日本の広告代理店にとっても扱いたいブランドでもある。

さんざん世話になっているJ社を下に見るような言い方に、私は腹立たしい思いもしたが、上司の命令には従わざるをえないのが会社員の掟である。

B社の担当を命じられた私は、すぐさまJ社の宝田社長のもとにあいさつに赴いた。

「B社を担当することになりました。今までいろいろとお世話になりました」

そう言って深々と頭を下げる私に宝田社長が声をかけた。

勝負に挑む。たとえば、日産はすべてのメディアバイイングを随意契約で博報堂1社に委ねたことがある。その金額はおよそ年間400億円。博報堂は通常15~20%のメディアバイイング業務のコミッション(手数料)を、欧米のメディアバイイング専門の広告代理店並みの手数料3~5%で提案して勝利した。このケースは、当時コストカッターと呼ばれていたカルロス・ゴーンが広告代理店のコミッションにも手をつけたケースとして業界に驚きを持って受け止められた。電通の社内もこの噂で騒然となった。博報堂に敗北したあと、電通内の日産担当の営業部は解散、さらに営業局も分解され、ほかの営業局に吸収されていった。営業担当社員たちは「明日はわが身」と震えていたのだ。

「こちらこそたいへんお世話になりました。でも、福永さん、なんだか嬉しそうですね」

私に気をつかわせないようにする、宝田社長なりの冗談だったのかもしれない。だが、私は本心を見透かされたような気がしていた。宇田川常務の言い方に反発した私の心の中にも「ラグジュアリーブランド」B社を担当するのだという歪んだ自尊心があったのは事実だったからだ。

こうして営業担当についた私を含めたF社は電通と連合チームを結成し、3カ月にわたる準備を経てメディアピッチに臨むことになる。

だが、蓋を開けてみれば、B社のメディアピッチは博報堂DYメディアパートナーズ*がかっさらっていき、F社と電通の連合チームは惨敗した。

某月某日　カウンセリング：「あのクソ女！」

メディアピッチ敗退から数日後、私は再び宇田川常務に呼び出された。

博報堂DYメディアパートナーズ
2003年12月、博報堂、大広、読売広告社の3社による共同持ち株会社「博報堂DYホールディングス」を設立。当時、博報堂は「タッチ・アンド・リリース」という手法をよく用いていた。社内の有力メンバーでチームを組み、競合プレゼンを闘い、クライアントから指名されると3カ月ほどでチームは解散。有力メンバーたちは次なる競合プレゼン用のチームに編入していく。

「わかっているだろうな」

「わかっていますよ」

そのやりとりだけで十分だった。メディアピッチの敗北の責任は、誰かが、電通の場合はえてして部下が負わなければならない。詰め腹を切れ、ということだ。「ご苦労さま」宇田川常務は目を合わさずに、そう告げた。就任して数カ月で私はB社担当を外れることになった。

私はできることならJ社の担当に戻りたかった。J社の仕事は充実していたし、尊敬できる宝田社長とともに働けることは喜びだった。だが、J社の営業には戻れなかった。あんな経緯で担当を替わっておきながら、今さらのこのこと戻れるはずがない。

「メディア部門付き課長」という意味のない肩書きを与えられた私には、F社内に居場所はなかった。何もする仕事がないのだ。

もともと冷たかった周囲の社員の目は、いっそう冷ややかになった。

私は、朝いったん出社するとホワイトボードに「外出　ノーリターン」、あるいは「外出　Mr.サマータイム*」（つまり、私を探さないでという意味）などと

Mr.サマータイム
コーラスグループ「サーカス」のヒット曲。フランスのミッシェル・フュガン&ル・ビッグ・バザールの「愛の歴史（原題：Une Belle Histoire）」の邦訳詞カバーで、カネボウのキャンペーンソングに起用され大ヒットした。歌詞に「さがさないで　あの頃の私を」とある。

ふざけたことを書いて、会社を出た。私はF社で仕事をすることを求められていない。だから、誰からも私という存在が見えない*のである。

私はF社を出ると、すぐに数駅離れた駅まで歩き、時には川沿いを、時には商店街を、そして時には足を伸ばして東京周辺の山まで行き、コンビニで買い求めた缶ビールを、いくばくかの羞恥心を持って紙袋に隠して、ちびちびと飲みながら彷徨《さまよ》った。一日中、ずっと彷徨っていた。

歩きながら飲むビールが、いつしか缶酎ハイになり、ウイスキーになった。夕方になると歩みを止めて居酒屋の暖簾《のれん》をくぐり、最終的にはアル中の先輩たちが座ったバーのカウンターで朝まで飲んだ。

このころ、私生活にもひずみが生じ始めていた。酒を飲み、明け方帰宅すると、妻とのあいだでたびたび口論になった。

「どうしていつも帰りが遅いの？　どうしていつも酔っぱらっているの？」

「仕事に決まっているだろう。そんなことは昔からそうだし、今に始まったことじゃない」

誰からも私という存在が見えない

F社の人たちも、私が昼間から酒を飲んでいることに気がついていただろう。ただ、彼らは私に忠告や説教などをしない。もともと電通からの歓迎すべからざる出向者なのだ。F社において私は「迷惑さえかけなければ、何をしていても構わない」透明人間だったのだ。

「何言ってるのよ！　仕事なんかじゃないでしょ？　ふざけないでよ！」

「うるさい！　誰に食わしてもらっているんだ！」

激情に駆られるまま、そんな暴言も吐いた。

土日の休日にも言い争いが生じた。

「休みに洗い物するふりして、台所で朝からウイスキー飲んでるの、私が知らないとでも思ってるわけ？」

ある夏、また飲んで明け方に家にたどりついた。その日は妻はリビングで起きて待っていた。

「あなた、帰ってくるなり、いつもまっすぐシャワーを浴びに行くわね？」

「バカなことを言うな」

「わからないと思ったら大間違いよ。バカにしないでよ！」

浮気だけは彼女の妄想だった。だが、それ以外はすべて彼女の指摘どおりだった。

言い争っているうちに、妻は不意に発狂したようなパニック状態になることがあった。大声で叫び続けて収拾がつかなくなる。洗濯物として取り込んだ私の下着を突然ハサミで切り刻んだり、消臭スプレーを私の顔めがけて噴きかけたりした。そんな状態になる妻を見て心配になった私はある日、彼女に提案した。

「2人で心療内科へ行って、カウンセリングを受けてみようか」

彼女は喜んで賛成した。第三者にあいだに入ってもらえれば、硬直してしまった夫婦関係がほぐれるのではないかと期待した。

私たちは、住まいの近隣の心療内科クリニックを訪ねた。われわれ夫婦と同年輩の女医が話を聞いてくれた。

数十分のカウンセリングのあと、担当の女医が言った。

「問題は奥さまのほうにあるように思います。旦那さんは『昭和の男』なのよ。あなたは忍耐力を持って、『昭和の男』と結婚したことを受け止めなければならないのです。なぜなら、それはあなたの選択だったのだから」

その言葉を聞いた妻は絶句した。

帰宅した後、妻はさらに狂ったように叫び続けた。

「あのバカ野郎！　クソ女！　ふざけんな！　バカにするな！　クソ女医！」

某月某日　帰任：アルコール依存

私が電通本社に帰任する日が来た。Ｆ社に来て２年弱がすぎていた。

電通の人事規則には「原則として、社員を出向にさせた部署が責任を持って出向させた社員の帰任先となる」と記されている。定年間近*でもない限り、電通社員は、子会社や関連会社に出向しても、２年を原則として本社に帰任するのが慣例だ。私の出向期間はその２年にも満たなかった。

出向を解かれた私を拾ってくれたのは、「グループ経営推進局」の段原局次長であった。

「福永君、期待しているよ」

「買い被りすぎですよ。あまり期待しないでください」

こうして私は「グループ経営推進局」に部長という肩書きで戻ることになった。

私は依然として腐ったままだったが、段原局次長は何かにつけて私を気づかい、

定年間近
定年を控えた出向社員の中には、そのまま出向先の会社の幹部管理職や取締役として転籍する場合も多い。会社としては、人員削減にもなり、若手を社内で出世コースに乗せやすくなるし、本人は役職定年を逃れることができる。人を送り込まれた子会社や関連会社の社員にとっては不愉快な人事だろうが…。

うまく使ってくれた。

「グループ経営推進局」とは、電通の数多《あまた》ある子会社や関連会社などの〝経営〟を支援して〝推進〟する部局である。要するに、子会社や関連会社へ転籍して幹部や役員となった元電通社員たちが、本社の目の届かないところで良からぬことを企《たくら》んだり、悪事を働いたりするのを監視する部署だ。

私は着任早々、ある地域電通（地域ごとに分社化した電通の完全子会社）の非常勤取締役に就任したことを手始めに、10社あまりの子会社・関連会社の非常勤取締役として、「監視役」としての仕事をスタートした。

成果はすぐに現れた。何しろ、子会社・関連会社は、まるで伏魔殿《ふくまでん》のようで、悪いやつらがはびこっていたからだ。会社の金の横領や着服、未収債権をめぐる不正経理、パワハラやセクハラ、個人情報漏洩、広告表現の盗作と無断使用……これらの調査や、内部告発への対処および当該社員の処分などの業務に忙殺された。よくまあ、ここまで数が多いと半ば呆れるほどであった。

仕事は次から次に湧いてきたが*、部長職になったことで基本給は上がったものの残業手当がつかなくなった。F社時代にもらっていた出向手当がなくなり、最

仕事は次から次に湧いてきた

大で年間１２０万円にのぼった営業職手当もなくなった。Ｆ社時代にくらべて、私の年収は２００万円下がった。

それでも１４００万円は超えていたから世間的に見れば、十分に恵まれていただろう。だが、当時の私には相当に痛かったし、妻にどう説明するべきか迷った。年収が大幅に下がるという事実を、電通マンとしてのプライドが許すことができなかったのだ。

意を決して妻に告げると、彼女は「そう」とだけ言った。お金のことに彼女はまったく関心を示さなかった。その反応に私は拍子抜けし、安堵したが、一方で彼女の冷淡さに寒々しい思いもするのだった。

遊興費を削り、ゴルフをやめ、１日２箱を吸っていたタバコもやめた。私のライフスタイルは激変した。

しかし、アルコールだけはやめられなかった。いや、アルコールへの依存度は以前よりも高まった。言い訳をすれば、他人の悪事を暴く仕事が、さらに私をアルコールに走らせたともいえる。

このころになると、遅くまで酒を飲むだけではなく、朝、出社する前にもコン

ある日、電通本社の内部通報制度を利用して、外部の弁護士事務所に匿名の手紙が届いた。誘拐事件の犯人さながら、新聞の文字を切り貼りした手紙である。内容は、電通のある子会社における役職者のパワハラと交際費の不正使用であった。数週間の内偵調査のあと、私は本人と向かい合い、事情聴取した。彼は不正を認めなかったが、その後、反面調査などで事実認定がなされ、規定に則り、２階級の降格処分とされた。彼は処分をよしとせず退職した。このような案件がいくつもあったのだ。

ビニで買った缶酎ハイを2本ほどあおることがあった。

さらにひどいときには、昼休みに社食へは行かずに、外へ出てコンビニでビールを買い込むと、公園のベンチに座って、プルタブを引くのだった。数本を飲み干すと、気休めの「ブレスケア」で胃袋から立ち上るアルコール臭を消したつもりになって、机へと戻った。そんなものでアルコール臭が消えるはずもない。まわりからは何も言われなかったが、周囲の人たちもみな、気がついていただろう。

幸か不幸か、それでも私の肝臓は丈夫だった。年に1回の念入りな健康診断でも、γ《ガンマ》－GTPをはじめとするアルコール関連の数値に異常はなく、医者からは「少し控えてください」程度の注意にとどまった。

某月某日 電通を辞めた日：「キミにとってはいいんじゃない？」

定年をあと数年後に控え、私は早期退職することを考え始めていた。

子どもたちは大学を卒業したし、数百万円を残すだけとなったマンションのローンも退職金の一部で十分に返済できる。

このころ電通ではリストラが強行されていた。非ラインの部長職以上の社員には「退職金の上乗せ」を行ない、早期退職を促した。早期退職すれば、退職金が最高で額面３０００万円増額されるのにくわえ、日本一手厚いとされる「電通健康保険」が任意加入で2年間継続される。

また、早期退職社員の受け皿として合同会社を設立し、早期退職した社員たちは個人事業主としてこの合同会社と契約することを仕向けられる。合同会社と契約した個人事業主は、最初の年だけ辞めた年次の給与水準の8割を保証される。その次の年からは、仕事の成果に応じて給料は減らされていく。58歳で役職定年になると基本給が2割下がるから、金額的には明らかに早期退職したほうが有利になるのである。

給料が減っていくこと以上に、彼らの精神を蝕《むしば》んでいくものがある。「誰からも必要とされていない」という自覚である。

ぼんやりと退職を考えていた私は、S損保の営業時代に一緒に仕事をし、常務取締役まで出世していた松本氏に相談した。

「じつは、今募集している早期退職制度に応募しようかどうか迷っているんですよ」

私の腹はまだ固まっていなかった。私のことを評価してくれていた松本氏が、「福永ちゃん、そんなこと言うなよ。来年あたり、役職定年の縛りを取っ払って、キミを局次長職に推そう*と思っているんだよ」なんて言ってくれるのではないかという甘い期待があった。

松本氏は少し考えてから、こう言った。

「ああ、キミにとってはいいんじゃない。今回の制度は、来年1年間働かなくたって、働いた分の給料とボーナス分が支給される設計になっているからね」

愕然とした。なんだ、自分は引き留められもしない存在なのか？　松本氏の言葉を聞いた瞬間、私はへなへなと脱力していった。

「もういつ辞めてもいい」私の腹は固まった。

ある年の3月末日、私が定年を前に電通を辞める日が来た。その日に、私の頭に去来したのは、それまで担当したクライアントと、その担当者たちの群像だっ

局次長職に推そう
電通内では、部長→局次長→局長という順に昇進していく。ここでいう「局次長職」というのは「局次長」とは違い、部下を持たず決裁権限もない「非ライン」の職位である。「局次長職」ではそれ以上出世することはほぼ望めない。

た。そして、私が営業として競合プレゼンで勝ち取ったクライアントは、メインの広告代理店・電通を一度だって離れたことがないという事実だ。やはり私は電通が好きだった。

そんなささやかな誇りを胸に社内をあいさつ回りした私は、周囲の同僚たちの軽い会釈と、それよりも軽い握手で見送られた。

じつは私には、会社を辞めた日に、どのようにして家路についたのか記憶がない。もしかしたら、いつものようにバーで飲んでいたのかもしれない。

某月某日　**最後通牒**：公証役場へ

電通を退社して数日が経ったころ、家にいた私のもとに妻が歩み寄ってきた。

彼女の手には数枚の書類が握られていた。

「私ね、離婚に関わる公正証書を書いたの。よく読んで検討して」

私は絶句した。妻から三行半《みくだりはん》を突きつけられるとは思ってもみなかったからだ。

数年前から、妻との夫婦喧嘩のたび、私が投げかけた暴言が思い起こされた。

「誰に食わせてもらってんだ！」「おまえのほうがこの家から出ていけよ！」

後悔とやるせなさがとめどなくあふれ出た。私が彼女に対して行なったのはパワハラ・モラハラだっただろう。私は気づかぬうちに、彼女の心をぼろぼろにしていたのだ。

私は妻と何度となく話し合いの機会を持った。時間はいくらでもあった。家のリビングに向かい合って座り、彼女の気持ちを聞いた。私はなんとか2人のあいだにある溝を埋めたいと思った。

だが、そのたびにむなしくなった。彼女はいつも生返事だった。その表情からは、「あなたと関係を修復するつもりはありません」というゆるぎのない拒絶が伝わってきた。彼女は私が投げかけた言葉を許すことができなかったのだ。

結局、妻は離婚の意思を翻すことはなかった。

彼女が書いた離婚に関わる公正証書を読み、慰謝料や財産分与など金銭的な決め事に合意した。*

私たちは２人で公証役場に赴いた。

離婚の責任は全面的に私にあるとして、彼女に慰謝料を支払った。そして婚姻期間に築いた財産が共有財産であることを認め、その半額を彼女が受け取るべき財産と認定して、将来にわたり、その金額を分割して支払うことに同意した。彼女は「住まいを探さないで」と言って出て行った。

私は住んでいたマンションを売却して、売却益を彼女の口座に振り込んだ。だが、「共有財産に見合うお金を分割で支払う」当ては私にはもうなかった。形ばかり数回、振り込むと、私の手元に金は残っていなかった。

数カ月間、私は新しい仕事を探し続けた。そして、思い知った。広告代理店の営業あがりの60に近い人間が求められる職場などほとんどないことを。

すでに眠れなくなり、睡眠導入剤と向精神薬に頼っていた私はさらに落ち込み、精神を病んだ。

いくつかのカードローンが払い切れなくなり、弁護士のもとに駆け込んだ私は自己破産した。

決め事に合意した
妻から離婚を切り出される少し前、私の大学時代の友人が「妻からのパワハラ、モラハラ」を訴えて、家を出て、家庭裁判所に離婚の調停を申し出た。彼の妻は、離婚を拒否し、その後2年半にわたる泥沼の離婚調停（裁判）が行なわれた。彼と彼の妻は、それぞれ弁護士を雇い、それぞれの弁護士に200万円もの弁護士費用を支払ったと聞いた。それほどの労力と時間とお金を使った末にようやく離婚が成立した。友人から話を聞き、彼らが費やした「負のエネルギー」のことを知っていたので、私は離婚問題をこじらせたくはなかった。

あとがき――退職後の日常

電通を退職してからの数年、私は人生への意欲を失っていた。もう何もなすことなどできないし、何かをなそうとも思わなかった。

若いころは、学生時代に熱中した水泳をはじめ、ゴルフやジョギング、テニスなど、体を動かすことが大好きだったのに、それらすべてが億劫《おっくう》になった。とくに読書は大好きで、現役時代にはリタイヤ後は日がな一日、好きな本だけ読んで暮らすのも悪くないなどと夢想していたにもかかわらず、いざそうなると退屈で続かず、どの本も途中で放り出した。何もかも面倒でむなしく思え、やる気が起こらないのだ。

生活に困窮した私は、本来65歳からもらう年金の繰り上げ受給を選択した。離婚によって受け取れる年金も半分となり、生活はカツカツだったが、私にはしたいことも行きたい場所も欲しいものもなかった。

昼前に起き、ぼんやりとテレビを眺めてすごした。眠れない夜がやってくるのが憂うつだった。ただ生きるために生きていた。

ある夜、ひとりで夕食*をとり、ぼんやりとテレビを眺めたあと、いつものようにウイスキーをストレートで飲んだ。何杯か飲み、そのままベッドに入った私は腹部に今まで感じたことのない違和感を覚え、嘔吐した。そのうちに治るだろうと横になったまま様子を見ていると、続いて右脇腹あたりに激痛が襲ってきた。救急車などおおげさだ。近所迷惑にもなろう。私は這うようにして、徒歩10分ほどの総合病院の救急窓口にたどり着いた。

血液を採取し、ＣＴスキャンを終えると、私と向き合った医師はこう告げた。

「劇症急性膵炎です。今すぐ入院してもらいます」

医師の説明によれば、重症化すれば命にもかかわるという。私は緊急入院し、尿道をはじめ、体のあちこちに管を刺し、絶食のまま点滴だけで2週間をすごすことになった。さらにその後の1週間は、わずかな病院食をとりながらベッドに横たわったまますごすしかなかった。頑丈だった私にも、ついに不摂生のシワ寄せが襲いかかってきたわけだ。

ひとりで夕食
私は料理が好きで、よく家族にも振る舞っていたから、自炊くらいはなんでもないと思っていた。しかし、ひとり分の分量の調整が難しく材料を余らせ腐らせたりしてしまうのと、自分で作ったものを自分だけで食べるのもむなしくなり、スーパーやコンビニの惣菜が中心となっていった。夕食も面倒で食べない日もたびたびあった。

本書の執筆を思い立ったのは、ちょうどそんなときだった。死を意識する過程で、電通での仕事を中心に、私の人生を書き残しておきたいと考えた。

そうして私の執筆生活が始まった。「まえがき」で述べたとおり、電通時代のことはいくらでも語れるのに、プライベートを書くことは身を削るような作業*になった。

じつは本書を執筆する過程で思いもよらぬことが起こった。

決まった時間に起床し、ひたすら原稿を書き、気分転換に近所を散歩し、決まった時間に就寝する。病気のせいもあり、酒はほとんど飲まなくなった。しばらくのあいだ、そんな暮らしを送る中で、徐々に人生への意欲が戻ってきた。若いころのように、自分も何かしてみたい、自分にも何かできるのではないかという衝動が戻ってきたのだ。

執筆の最中、私は三男坊の携帯電話へメッセージを送ってみた。

〈元気にしているか？〉

妻と離婚してから、子どもたちとも音沙汰がないまま数年がすぎていた。無視

身を削るような作業
本書の登場人物は仮名ではあるが、電通内でのエピソードは、読む人が読めば「あの人のことだ」と容易に推測がつくものもあると思う。私自身の正体についてもそうだ。だが、恥ずかしくても情けなくても、私の存在のありのままを書き残しておきたかった。それは本書により果たせたと思う。

されても構わないと思っていたが、思いがけず返信が来た。

〈今まで育ててくれてありがとう。落ち着いたらお酒でも一緒に飲みましょう〉

きっと恨まれているに違いないと思い込んでいた私は、嬉しくてしょうがなかった。


2023年の夏、二子玉川駅近くの居酒屋で数年ぶりに彼と会った。すっかり大人びていた彼と顔を合わせた瞬間、涙が込み上げてきた。涙がこぼれぬよう、そして彼に悟られぬよう、私は必死に作り笑いで取り繕った。

三男と会う*ことが決まって以来、私にはどうしても確認したいことがあった。長男と次男、そして妻の安否・近況である。

ところが、私の口から出たのは「ママには恋人はできたの?」という間抜けなセリフだった。三男は、笑いながら答えた。

「何言ってんだよ。そんな人いないし、再婚の予定もないよ」

嬉しいような、情けないような、不思議な気持ちだった。

彼女は美しい人だった。外見ばかりでなく、心まであれだけ綺麗な人を私はほかに知らない。

三男と会う
私は、私たち一家の幸せな生活をつぶさに記録してあるビデオテープをすべてDVDに焼いたものを用意して、彼に手渡した。三男には、大学時代に借りた奨学金の返済がまだ残っているという。本書の印税は真っ先に彼に渡すつもりだ。

本書を書きあげたあと、私は新しく職探しを始めた。「電通マン」という殻ももう脱ぎ捨てた。未練も悔いもない。まだ若い、まだこれからだ、そう自分に言い聞かせながら、新しい人生を始めるのだ。

2024年1月

福永耕太郎

福永耕太郎◉ふくなが・こうたろう
1960年代生まれ。バブルの少し前に電通に入社。営業局に配属され、電機メーカー、外資系飲料メーカー、衛星放送局、通販会社などのクライアントを担当し、約30年にわたって業界の第一線で奮闘。

電通マンぼろぼろ日記

二〇二四年　二月二九日　初版発行
二〇二四年　四月　二日　六刷発行

著　者　福永耕太郎
発行者　中野長武
発行所　株式会社三五館《さんごかん》シンシャ
〒101-0052
東京都千代田区神田小川町2-8　進盛ビル5F
電話　03-6674-8710
http://www.sangokan.com/
発　売　フォレスト出版株式会社
〒162-0824
東京都新宿区揚場町2-18　白宝ビル7F
電話　03-5229-5750
https://www.forestpub.co.jp/
印刷・製本　中央精版印刷株式会社

ISBN978-4-86680-935-9

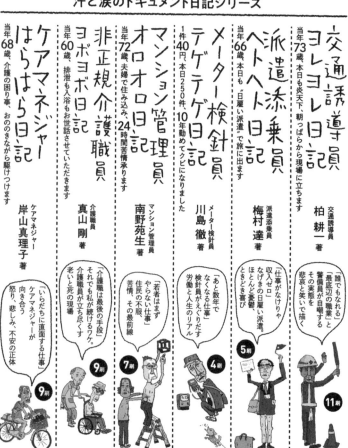

汗と涙のドキュメント日記シリーズ

保育士よちよち日記
お散歩、お昼寝、おむつ替え…ぜんぜん人手が足りません

保育士 大原綾希子 著

「仕事に追われまくる仕事」
現役保育士が垣間見た
保護者には言えない話

バスドライバーのろのろ日記
本日で12連勤、深夜0時まで時間厳守で運転します

バスドライバー 須畑寅夫 著

「お客を選べない仕事」
路線バス運転士が描ききる、
車内と車外のいびつな風景

コンビニオーナーぎりぎり日記
昨夜10時からワンオペ勤務、夫が来たら交替します

コンビニオーナー 仁科充乃 著

「365日24時間、
気の休まらない仕事」
現役オーナーが告白する、
コンビニ経営その光と影

大学教授こそこそ日記
当年62歳、学生諸君、そろそろ私語はやめてください

大学教授 多井 学 著

「いくらでも
手抜きのできる仕事」
現役教授が打ち明ける、
ちっとも優雅じゃない生活

定価1430円
(税込)

出版翻訳家なんてなるんじゃなかった日記

出版翻訳家 宮崎伸治 著

ベストセラー
『7つの習慣』の
翻訳家はなぜ
出版業界を去ったのか

定価1540円
(税込)

マンガでわかる マンション管理員

河村誠 漫画
南野苑生 原作
堀田孝之 脚本

水漏れトラブル、
騒音問題、駐輪場管理、
しょーもないクレーマー、
理事長との関係…マンション
管理の全容がわかる本

定価1320円
(税込)

全国の書店、ネット書店にて大好評発売中
(書店にない場合はブックサービス☎0120-29-9625まで)

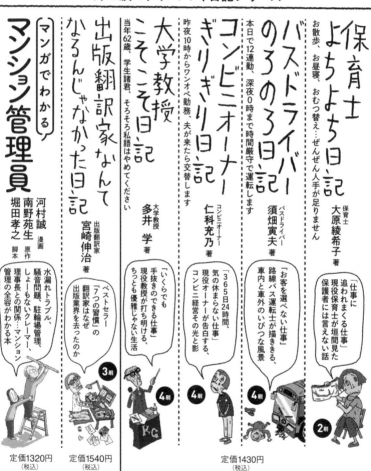